ビジネスの限界はアートで超えろ!

Innovating Your Business
Through Art Thinking

アート・アンド・ロジック株式会社 取締役社長
増村岳史

「ゼロ→イチ」の思考法
「アートシンキング」入門

Discover
ディスカヴァー

はじめに

わたしは父を含め、父方の親族に芸術家が何人もいる特殊な環境に育ちました。

このやや変わった環境に育ったわたしは、小学校高学年の頃、一つの大きな疑問を抱いていました。

それは次の４人の共通点に関するものでした。

松任谷由実
村上龍
中尾彬
京本政樹

ユーミンこと松任谷由実は当時のポップ・ミュージックの女王、村上龍は芥川賞作家、中尾彬は個性派俳優、そして、京本政樹は端正なマスクの二枚目俳優。この４人の有名人の共通点、分かりますでしょうか？

正解は、みな美術大学を卒業（あるいは中退）していることです。

松任谷由実は美大で日本画を専攻していたのにもかかわらずミュージシャンになり、村上龍は油絵を専攻していたのにもかかわらず小説家に、中尾彬、京本政樹もそれぞれ油絵、デザインを専攻していたのにもかかわらず俳優になりました。

なぜ、美大を卒業したのにミュージシャンや小説家や俳優になり、そして大活躍しているのだろう？

父を含め、父方の家系の多くが、美大を卒業し芸術家になっていたものですから、そもそも、デザイナーや画家、陶芸家、彫刻家など、芸術家を目指している人たちが美大に入るものであると、少年である当時のわたしは至極当然に考えていました。

それなのに、一体なぜ？

このわたしなりの大疑問は、解決しないまま数十年が経ちました。そして、社会人としての経験を重ね、わたしは今、一つの仮説に至りました。

それは、**「絵を描くということが、すべてのクリエイティブ（創造）の源になって**

いる」というものです。

これはすなわち、松任谷由実は、絵を描くことから作詞作曲の着想を得て、自ら歌うことが自分にもっとも適した表現手段であることに気づいたのではないか。村上龍は、何百枚と絵を描くことで、自分にもっとも適した表現手段は文章を書くことであると帰結したのではないか、ということです。

つまり、絵を描くことで新たな知覚と気づきを手に入れ、眠っている自分の才能に気づき、火がついたということです。

わたしは現在、主にビジネスパーソンを対象に絵（デッサン）を描くことによって「右脳と左脳のバランスを活かした全体的な思考能力」と「新しいものを発想していく能力」そして「ものごとを俯瞰して捉え、調和のとれた思考能力」を高める講座を、現役のプロの画家たちを講師陣に迎え主宰しています。

講座を受講される方には、その昔、美術以外の成績はオール5という方、つまり、絵を描くのだけはどうにも苦手だったという方が多くいらっしゃいます。なぜ、美術だけは苦手、という方がたくさん生まれてくるのでしょうか？

小中学校の美術の時間を思い出してください。
「思うがままに、感覚で描きなさい」と言われませんでしたか？　そして、感覚で描いてみたものに優劣がつけられる……。

絵を上手く描けるようになるには、感性を磨くしかない。そう思い込まされたのではないでしょうか。

実は、デッサンが上手くなるコツの半分は、数学的なものごとの見方や論理力なのです。そして、もう半分が自身の本来持っている感性の力を引き出すことです。

デッサンの半分が数学的なものの見方というのは、意外なことに聞こえるかもしれません。しかし、ここに紛れもない事実があります。それは、我が国唯一の国立の芸術大学である東京藝術大学の現役合格者の多くが、中高で数学が得意だったというものです。

これはつまり、**絵を描くことには、感性や感覚をつかさどる右脳と、論理をつかさどる左脳を統合した、調和のとれた能力が必要とされる**ことを意味しています。

小中学校の美術教育を批判するつもりはありませんが、思うがままに描くというのでは、右脳と左脳が調和しない描き方になってしまうのです。

そのように考えると、ここ最近、MBA（経営学修士）以上にMFA（美術学修士：Master of Fine Arts）ホルダーが注目されつつある、ということにも納得がいきます。

かつて、ビジネスの世界では、MBAを持つことがステータスとなり、一つの勲章とされていました。しかしながら今、アメリカではMBAよりも、MFAを持っている人材のほうが重宝されています。給料も待遇も、MBAを持っているより、MFAを持っている人のほうが圧倒的に高くなる時代になっているのです。

不景気になってもモノだけはあふれ続ける世の中で、魅力的な商品を生み出せるか、商品を買いたくさせられるかには、デザイン性・アート性が鍵となります。そのため、それらを大学院で徹底的に研究してきたMFAを持っている人々は、右脳と左脳を統合してバランスよくものごとを考えることが可能であり、売上に直結するスキルを持っているということで高く評価されているのです。MFAは、当然、MBA取得者より人数が断然少なく、その稀少価値も評価されていることの一因です。

複雑で変化がとても激しく、不確実性が高い今日のビジネス環境において、従来の知識や論理的思考・分析のみに頼った発想や思考では限界があります。ビジネスにおいても、**全体を直観的に捉えることのできる感性や、課題を独自の視点で発見し、創造的に解決する力の重要性が日増しに高まってきています。**

今まで我々は、主に左脳がつかさどるロジカルシンキングを鍛えてきました。論理が持つ力ももちろん重要ですが、これからの二十一世紀をしなやかに生き抜いていくためには、アートが持つ感性の力も同じぐらいに重要なはずです。

本書では、さまざまな事例の紹介を交えながら、みなさんが日々対峙しているビジネスと、日頃あまり接することのないアートの相互関係について探っていきます。

第２章

アートの位置づけ――その意味と役割

第3章

アート・デザイン・クリエイティビティ

——それぞれの関係 75

第4章

アートのベースにはロジックがある

第5章

アートに見るイノベーションの要素 141

第6章

アートシンキング

第7章

実践！・デッサンで思考をアップデート　181

第 1 章

ビジネスとアートの意外なつながり

多くの方々が、アートはビジネスからもっとも遠いところに位置していると思われているでしょう。しかしながら、アートは常に、ビジネスを推し進めてきました。まずは、実例を紐解きながら、実はビジネスのすぐ近くにあるアートの存在に目を向けてみます。

アートを取り入れるリーディングカンパニー

▽ フェイスブックはアートで埋め尽くされている

カリフォルニア州シリコンバレーに位置するフェイスブックの本社。そのオフィスはアートで埋め尽くされています。天井高くまで描かれた絵もあれば、ニューヨークの地下鉄を想起させるような落書き風の作品、はたまたコミックヒーローをモチーフにしたような絵もあります。

社員が毎日描き加えるのが認められている絵もあれば、マーク・ザッカーバーグ自らがスプレーを吹きかけて描いたグラフィティアートもあります。

応接室などに印象派の美しい風景画などを掛けている会社は日本でも多く見受けられますが、フェイスブックがユニークなのは、そのほとんどの絵が未完成であり、描き足していくことがよしとされているところにあります。

「この会社はアップデートし続ける」

大学寮の一室から始まったスタートアップ精神をずっと忘れないというメッセージを自ら、そして社員全員でアート活動をすることによって共有しているのでしょう。ザッカーバーグ自らもアートが好きということもあると思いますが、アートに囲まれたクリエイティブな環境で仕事をすることによって常にイノベーションの芽を育んでいこうとしているのです。

Airbnbを作ったのは美大生

今や知らない人がいない、世界中のツーリストが使っている民泊サイトAirbnb（エアビーアンドビー）。この会社の創業メンバー2人はもともとアメリカの美大を卒業してデザイン会社を2人で起こしたのですが、会社の業績が芳しくなく（つまり、デザインの仕事の受注が増えず）、少しでも売上を補填しようと、自分たちの部屋を賃貸することからこのサービスが始まりました。

会社を軌道に乗せるまでに彼らは、デザイナーならではのさまざまな施策を実施しました。たとえば、貸す人の部屋に装飾を施して写真映えをよくすることや、単なる部屋貸しのサービスに終わらないような旅のエクスペリエンス、つまり、エモーショナルに訴えかけるクリエイティブを要したサイト作りなどです。

美大出身者ならではの視点が、活況を呈している現在の状況を生み出したのではないでしょうか。

▽ 旗艦店にはギャラリースペースを

世界を代表するハイブランドが各国に店舗を出店する際には、ある一つの明確なルールがあります。**それは、旗艦店に必ずギャラリースペースを設けることです。**たとえば、ルイ・ヴィトンのEspace Louis Vuitton（エスパス ルイ・ヴィトン）（表参道）、シャネルのCHANEL NEXUS HALL（シャネル・ネクサス・ホール）（銀座）、エルメスのGinza Maison Hermés（銀座メゾンエルメス）、ディーゼルのDIESEL ART GALLERY（ディーゼルアートギャラリー）（渋谷）などがあります。

各ギャラリーは専門のキュレーターを擁し、趣向をこらし、個性あるさまざまな展示が開催されています。ユニークなのはシャネルのネクサス・ホールです。アートの展示のみにとどまらず、クラシックのコンサートが開催されることもあります。

これらは、企業の文化・芸術活動を支援するメセナ活動（社会貢献活動）の側面ももちろんありますが、ブランディング活動としての側面も大です。

今やブランディングは企業価値をも左右する大きなファクターとなっており、経営戦略面においても重要なものになっています。

また、他の業種がアートをメセナの一環としてのみ位置づけるのに対し、ハイブランドはアートを商品戦略にも活かしています。特にルイ・ヴィトンは世界の一流アーティストたちとコラボレーションした商品を期間限定で発売しています。村上隆や草間彌生とコラボレーションしたヴィトンのバッグをデパートのショーウィンドウで見かけた方もいらっしゃることでしょう。ハイブランドとアーティストとの関係は、お互いがお互いの価値を認め合い（企業は企業価値を、アーティストは本人の価値を）、存在意義を高め合っていく、まさにウィンウィンの関係にあると言えます。

イメージをマネージする時代のCEOの右腕

▽ジョブズが最初に声をかけるのは？

あなたが現在CEO（最高経営責任者）の立場にあるとして、新たなビジネスやプロダクトのアイデアが思い浮かんだら、まず誰を呼びますか？
資金の工面が必要なのでCFO（最高財務責任者）でしょうか？　それとも、まずは市場のニーズやウォンツを探るためにCMO（最高マーケティング責任者）を呼びますか？　はたまた、即アイデアを実行に移すべくCOO（最高執行責任者）に声をかけますか？

今もって世界をあっと言わせている企業のCEOは、CCO（最高クリエイティブ責任者：すべてのデザインやブランド活動に関わる最高責任者）に真っ先に声をかけます。

なぜ、CCOなのでしょうか？　その理由は至ってシンプルです。

CEOの頭の引き出しの中にしまい込まれている事業アイデアを他のボードメンバーにもわかるようにビジュアル化してもらうことができるからです。言語やグラフが持つロジカルな力も重要ですが、イメージ化によって共有する力はそれ以上に重要なのです。

生前のスティーブ・ジョブズが、アイデアを閃くとCCOであるジョナサン・アイヴを即呼び寄せプロトタイプを作らせたというのは有名な話です。

スティーブ・ジョブズを追い出したとされるジョン・スカリーもまた、単なるロジカルシンキングだけの人ではなかったようです。以前テレビ番組で、スカリーがジョブズの提示した模型をスケッチしたビジュアルメモを見たことがあります。1984年のそのメモは、ジョブズが未来の電話だと語るものを描いたもので、側にMAC PHONEという文字が添えられていました。ジョン・スカリーは、エグゼクティブなりのスケッチ力、ビジュアル化する力で、iPhoneの原型となるアイデアを描き出していたのです。

▽日本にCCOはいるか？

日本の某企業でも、30年ほど前にCCOを擁し、そのCCOがディシジョンメイキングに大きな影響を与えていたことがあります（もちろんその当時はCCOという言葉もありませんでしたが）。

とあるプロダクトの商品名を決定する際に、事業責任者が役員会でプレゼンをしたところ総スカンをくらってしまいました。そのとき、このCCOが助け舟を出し、ロゴタイプ（ロゴ）によって見え方が変わるかもしれないと、ロゴを作り直したうえで再度プレゼンをする機会を与えたのです。さらに、役員会が終わるやこのCCOは事業責任者を役員室に呼び、ロゴを一緒に考えました。

次の役員会で、その商品名は見事承認されました。おそらくこのCCOは、事業責任者の提案したネーミングが世の中に広く受け入れられるであろうことを直感していたのでしょう。その商品名は、30年経った今でも一般に広く知られています。

たらればを語るのは決して良いことではありませんが、当時その会社にCCOが不在で、違う商品名になっていたならば、30年もの長きにわたって存続しなかったかもしれません。

なお、その会社の今で言うところのＣＣＯの役割を担っていた役員の名前は、亀倉雄策。１９６４年の東京オリンピックのロゴデザインを手がけた人物です。

亀倉雄策は、日本のグラフィックデザイナーの中でほぼ唯一と言っていいほど、世界で認められた存在です。ＮＴＴのロゴマークやニコンのロゴマークなど、時を経ても決して色褪せない普遍的なデザインを残しています。それ以外に、世界で初めてピクトグラム（男子トイレと女子トイレのマークに代表される絵文字）を開発したことでも知られています。

亀倉雄策は１９９７年に他界しましたが、その会社はそれ以降、デザイン担当役員のポストを設けることはありませんでした。名誉職としての役員ではなく実際に手を動かし、数々のデザイン活動をしたのにもかかわらず……。

一方、アメリカのビジネス界では、亀倉雄策が他界した90年代の終わり頃から、ＣＣＯがなくてはならない存在になり始めました。

テクノロジーはアートとの融合で鋭さを増す

▽テクノロジーカンパニーが広告業界に入り込めたわけ

さて、こちらは上段が2016年、下段が2004年の世界の広告会社トップ10のランキングです。

ランキングを比べると、多少顔触れが変化していることに気づくでしょう。**ここで注目すべきは、2016年のランキング6位にアクセンチュア、9位にアイビーエムがランクインしていることです。**この2社、2004年時点ではランキング圏外でした。

他の産業同様、広告業界にもデジタル化の波が押し寄せてきています。そのため、異業種であるテクノロジーカンパニー、デジタル分野でのコンサルティングに強いアクセンチュアやアイビーエムが年々売上を伸ばしてきています。なぜ彼らは、広告業界に入り込むことができたのでしょうか？

2016年

順位	広告会社
1	WPP
2	オムニコム・グループ
3	ピュブリシス・グループ
4	インターパブリック・グループ
5	電通
6	アクセンチュア
7	ハバス
8	アライアンス・データ・システムズ
9	IBM
10	博報堂 DY ホールディングス

2004年

順位	広告会社
1	オムニコム・グループ
2	WPP
3	インターパブリック・グループ
4	ピュブリシス・グループ
5	電通
6	ハバス
7	アージス・グループ
8	博報堂 DY ホールディングス
9	アサツーディ・ケイ
10	カールソン・マーケティング・グループ

世界の広告会社トップ10　(出典:「Advertisingage」Agency Report 2016)

古くからの広告会社には、当然のことながら社内やグループ会社に営業部門やマーケティング部門、そして、クリエイティブ部門が存在します。

異業種からの参入組はどうでしょうか？

実は、コンサルティング会社として知られるアクセンチュアは、デザイン会社を世界規模で傘下に収めています。アクセンチュアの日本法人も然りで、２０１６年にデザイナーを擁し、デジタルマーケティングを展開するアイ・エム・ジェイをグループ企業としています。

アイビーエムはというと、アメリカ本社は１５００人ものデザイナーを抱えています。

広告業界はアドテクノロジーの出現によって出稿媒体などに大きな転換期を迎えていますが、クリエイティブの重要性は今もって変わりません。**いや、むしろテクノロジーによってターゲットの絞り込みが明確にできた現在こそ、クリエイティブの重要さがますます大きくなっているのです。**

機械学習でできうるところは今後人の手を介さなくなるでしょう。だからこそ、機械ではなしえない真のクリエイティブな領域で今まで以上にアートの力が重要になり、世の中で求められるようになります。

それは、アイビーエムが１５００人ものデザイナーを擁していることが大きく物語っています。

▽ソリューションカンパニーとしてのアイビーエムの原点とは？

汎用大型コンピューター（メインフレーム）の一大メーカーであったアイビーエムは、今や社内に１５００人のデザイナーを抱えるソリューションカンパニーへと劇的な変貌を遂げました。

このルーツは、今から30年ほどさかのぼる１９８０年代半ばのとあることが契機となったのではないかとわたしは考えています。

当時、世界で初めてパーソナルコンピューターを世にデビューさせたアップルコンピュータ（現：アップル）は、1984年に初代マッキントッシュ（現在の呼称はマック）を発売しました。

このマッキントッシュ、発売当時は鳴かず飛ばずであり、当時の責任者だったスティーブ・ジョブズは1985年、その責任をとって会社を去ることになります。

しかし、ジョブズが去った後もマッキントッシュは改良を重ねて発売され続け、2年後の1986年には改良を重ねた3代目のマッキントッシュプラスが発売されました。この頃を境に、マッキントッシュの躍進が始まります。


今や大変懐かしい話ですが、SCSI（スカジー）接続のハードディスクドライブを使って大規模なデータを扱うことができるようになり、また、画期的なアプリケーションであるAdobe（アドビシステムズ）のページメーカーの登場によって、今や常識となっているDTP（デスクトップパブリッシング）が世の中に広まり、出版分野に革命をもたらしました。当時マッキントッシュ専用アプリケーションだったマイクロソフトエクセルもリリースされ、マッキントッシュがパーソナルコンピューター市場を席巻していきました。

もちろん、その高いデザイン性が評価されていたことは言うまでもありません。

このアップルコンピュータの破竹の勢いに危機感を覚えたアイビーエムは、なんと、美術教師を招いて社内のエンジニア200人に絵を描く研修を実施しました。絵を描くことによって画家やデザイナーの持つクリエイティビティを学ばせ、創造的な課題解決能力を身につけるための能力開発を実施したのです。

それから30年以上を経た2018年現在、アイビーエムは従業員に絵を習わせるどころか、1500人ものプロフェッショナルなデザイナーを社内で抱える会社となりました。

この30年以上も前に実施した**エンジニアに絵を描かせたことが、ソリューションカンパニーとしてのアイビーエムの原点であった**とわたしは捉えています。

データ可視化の基礎にデッサン力

▽データビジュアリゼーションという革命

わたしたちは日々、膨大な量のデータと向き合っています。しかしながら、人間が一度に認知できる限界はせいぜいＡ４用紙数枚程度でしょう。近い将来、限界を超えた膨大なデータから答えや予測を導き出さなければならない時代がくるかもしれません。

そうしたとき、統計解析やデータ分析ソフト、機械学習なども手段としては有用ですが、それらが人間の代わりに重要なプロジェクトの決断や決裁を行うことはありません。最終的には、わたしたち人間がものごとを決めるのです。

そのため、人間の脳では把握できない膨大な量のデータをビジュアルに落とし込み、データを可視化してさまざまな気づきをもたらすデータビジュアリゼーションが、昨今、とても注目を集めています。

▽デッサンで鍛えられたものの見方

開発チームの主要メンバーである東京藝大でデザインを学んだ櫻井稔から、そのプロセスについての話を聞きました。

それによると、データビジュアリゼーションにおいて必要となる、ものごとを観て理解するプロセスは、絵画の基本である「デッサン」を描き上げていくプロセスと同じなのだそうです。

そして、デッサンをする際にもっとも重要なことは、絵を描く対象を見る際に「俯瞰」と「主観」を繰り返すことなのだと言います。つまり、まずは対象を俯瞰して全体像をつかみ、大まかなフォルムを捉えることからデッサンが始まります。そして、大まかなフォルムを捉えられたのちに徐々に細部を詰めていくのです。

しかし、初心者は得てして細部にのみ目が行ってしまい、全体のバランスが崩れてデッサンを描き上げることができないのだそうです。

デッサンを描き上げるためのコツは俯瞰と主観、つまり全体を捉えることと細部を詰めていくことを交互に繰り返していくことにあるのです。

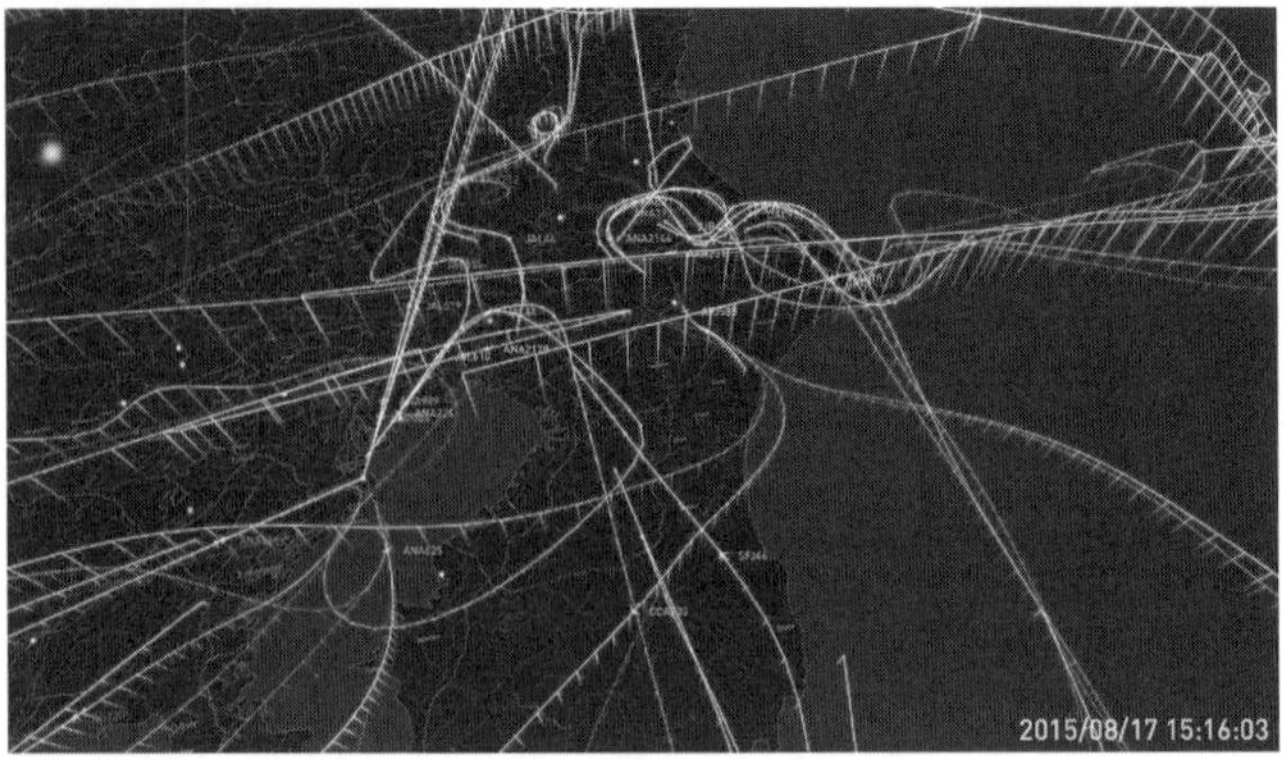

飛行データのビジュアルマッピング（協力：Takram）

この、俯瞰と主観というデッサンで身につけたスキルが、データビジュアリゼーションを生むにあたって大きく寄与したそうなのです。

▽ビジュアル化は新たな発見につながる

図は日本上空（羽田付近）の飛行データを地図上にビジュアルマッピングしたものです。

これを見た羽田空港の職員は、このビジュアルマッピングから大きな感銘を受けたと言います。彼らは、毎日飛行機の離着陸を目の当たりにしています。しかし、飛行データをビジュアル化して見ることによって、飛行機が高密度な空間の中で計算され尽くして動いている様子を改めて認識し、自分たちの仕事の意義に改めて気づいたそうです。

この気づきの源は、論理的で左脳的な日々の仕事を、感覚をつかさどる右脳的な感性で捉えたところにあります。**まさに、ビジュアル化することによって得られた新たな発見なのです。**

このデータビジュアリゼーション、現在、地方創生や通信分野などさまざまな分野で活用されています。

不動産とアートの関係

▽アートが地価を上げる

アーティストたちが住み始めると地価が上昇する。こんな話、信じられるでしょうか？　これは、不動産の価格高騰が激しい海外の都心部では、常識とは言わないまでも当然の事実として捉えられています。なぜ、そうなるのでしょうか？

アーティストたちは、広い制作スペースの確保を求めて引っ越しを繰り返します。日本同様、世界中どこでも都心に近い物件は賃料がとても高く、街灯もないような暗い倉庫街に手ごろな物件があることもしばしばです。特に、倉庫は天井が高く、居抜きで借りられるというメリットもあります（日本でも、廃工場や倉庫をアーティストが自ら簡単なリノベーションをして共同アトリエとする光景が見受けられます）。

そして、彼らがオープンアトリエ（アトリエを解放して制作現場や作品を観てもらうこと）を開催したり、地域の方々に向けた展示会（アートフェア）を行うことで、交流の場が作られていきます。やがてコミュニティが形成され、街そのものが活況を呈していきます。

すると、それまで空き物件だらけだった町工場跡地が魅力的な場となり、小さなカフェやベーカリーなどが開店していき、その土地の磁力がどんどん上がっていきます。気づけば雑誌やウェブで特集ページが組まれるほどの文化発信源となり、いわゆる人気のエリアとなり不動産価格が上昇していくのです。

1980年代までは倉庫街だったニューヨークのソーホーエリアは、若手アーティ

ストたちが住み始め、住居兼アトリエが密集するようになりました。そして、今ではグッチやエルメス、ルイ・ヴィトンなどのハイブランドの店舗が並ぶ高級住宅地となっています。

わたしも、1980年代にそのエリアを訪れたことがあります。当時は廃工場や倉庫に囲まれた下北沢のような街で、絵の具のついたつなぎを着た若手アーティストたちをよく見かけました。ハイブランドの店舗が並ぶセレブなエリアになるとは、微塵たりとも思っていませんでした。

▽アートは治安や景観をも改善する

ニューヨークで興味深いエピソードがあります。一時期、ビルの壁の至るところが落書きによって荒らされていました。消しては描かれ、消してはまた描かれるイタチごっこが繰り返され、街の景観を損なうばかりか、清掃の経費だけでも相当な支出になったそうです。

ところが、街の落書き対策としてビルのオーナーがアーティストたちに壁に絵を描

いてもらったところ、落書きがパッタリと止まったそうなのです。おそらく落書きをしていた人たちが、アーティストたちの絵を目の当たりにし彼らの絵に感動を覚え、絵を汚してはいけない、美観を損ねてはいけないという気持ちになったのでしょう。

現在では、この壁に描いた絵はウォールアート（グラフィティとも呼ばれている）としてニューヨークの観光資源にもなっています。

そればかりか、このウォールアート、ただの落書きではなく、アートとして認められています。そのことを示すニュースを、AFP通信が報じています。それは、「2018年2月12日、ニューヨークの連邦地裁は、ウォールアートを取り壊したビルオーナーの不動産開発業者に対し、アーティスト21人に計675万ドル（約7億2300万円）の損害賠償を支払うよう命じた」というものです。アーティストたちが視覚芸術家権利法違反による損害賠償を求めて訴訟を起こし、勝訴したのです。

もとはと言えばこの不動産開発業者、20年にわたってアーティストたちにウォールアートを描く空間を提供してきました。そして、このウォールアートによってエリア一帯が観光名所になりました。

不動産開発業者がウォールアートを取り壊した理由は、高級住宅を建設するためだったそうです。アートによって不動産価値を上げたのにもかかわらず、価値そのものを壊してしまったことに対してペナルティーが科されたわけです。この点において、ニューヨークの裁判所は正しい裁定を下したと言えるでしょう。

費用対効果としてのアート

東京のあるエリアでは、落書き対策として毎年2000万円が費やされています。仮に5年間このイタチごっこが続いたとすると、1億円の経費がかかります。アーティストに1000万円のギャランティーで絵を描いてもらえば、**費用対効果として考えた場合、5年間で9000万円ものコストカットがなされます。**また、コストカットされる以上に街の美観が向上し、ニューヨークの例のように街そのものの価値が向上していく可能性も十分あります。

日本でも、2017年に街に新しい付加価値をもたらすことをミッションに活動するＮＰＯ法人「３６５ブンノイチ」が設立され、第一弾の活動として渋谷の宮下公園再開発エリアの壁面に、全長２００メートルの、世界最大級のアート作品を制作しました。今後の活動から目が離せません。

経営者はなぜアートを嗜むのか？

▽美術館を設立した昭和の偉大な経営者たち

出光、ブリヂストン、サントリー、資生堂。日本を代表するこれらの企業には、ある共通点があります。

それは、創業者が美術館・ギャラリーを設立し、今もってなおさまざまな展覧会を定期的に催していることです（ブリヂストン美術館は現在ビル建て替えに伴う新築工事のため、２０１９年にリニューアルオープン予定）。

美術館を運営するのには多大なコストと労力を要します。展示スペースはもちろんのこと、美術作品を収蔵するための収蔵庫が必要です。この収蔵庫も単なる倉庫だと美術作品が経年劣化し傷んでしまいますので、温度や湿度などの空調管理を徹底しなければなりません。

また、美術館にはキュレーター（学芸員）をはじめとする常勤のスタッフも置かなければなりませんので、生半可な気持ちでは決して運営できないのです。

なぜこのような労を惜しむことなく、大金を費やしてまで昭和の偉大な経営者たちは美術館を所有、運営したのでしょうか？　世の中にない付加価値を創造したこれらの偉大な経営者が持つ、アートな側面を見ていきましょう。

▽ビジネスの出発点は「アート」

経営学者ヘンリー・ミンツバーグは、著書『MBAが会社を滅ぼす』（ヘンリー・ミンツバーグ著、日経BP社）において、**マネジメントとは元来、「クラフト（経験）」「アート（直観）」「サイエンス（分析）」の3つの融合によるものである**と述べています。

そして、それぞれの役割を（1）クラフト：目に見える経験を基礎に実務性を生み出す、（2）アート：創造性を後押しし直観とビジョンを生み出す、（3）サイエンス：体系的な分析・評価を通じて秩序を生み出す、と定義しています。ミンツバーグはまた、この3つのバランスが重要であるとも述べています。

たとえば、成長期や安定期においては、でき上がった仕組みをいかに効率的に回していくかがキーポイントとなりますので、比重は「クラフト」と「サイエンス」にシフトします。

冒頭で述べた美術館を擁する企業、出光、ブリヂストン、サントリー、資生堂は、戦前（第二次世界大戦以前）からある会社ですが、終戦の焼け野原の中、すべてがリセットされた混沌とした状態のもとでリスタートすることになりました。

このような状況においてもっとも重要な役割を果たす要素が「アート」なのです。**リセットされた（されてしまった）社会においては、創造性の持つ役割が非常に重要となります**。

「アート」により生み出された創造性あるビジョンが「クラフト」によって実務化・再現され、「サイエンス」が分析し、効率化を進めていく。つまり、一連の活動の動力源（エンジン）となるのが「アート」なのです。

ビジネスの出発点というのは、アーティストが真っ白なキャンバスに作品を制作していくプロセスに近いのではないでしょうか？

アメリカのビジネス界では褒め言葉として「アート・オブ・ビジネス（まさに芸術的な類を見ない素晴らしいビジネス）、アート・オブ・ディーリング（見事なまでの素晴らしい芸術的な取引）」といった表現をします。

つまり、アートという概念が欧米では単なる芸術的な表現のみを表すものにとどまらず、広範囲にわたる活動そのものに対して使われているのです。

革新的な「アート」は、後から「クラフト」と「サイエンス」が伴走をしてくれ、どんどんと仕組み化、効率化がなされ、平準化していきます。

また、優れた「アート」はいつも真似される傾向にあります。

たとえば、世界で初めてのスマートフォンであるiPhone。２００７年に登場した際、他の携帯電話のほとんどがフィーチャーフォン（通称ガラケー）だったため、誰もがiPhoneを一目で識別できました。しかしながら現在、一目でiPhoneを見分けるのは難しくなりました。

これは、発売から10年以上を経た現在、他の会社が「アート」なきまま「サイエンス」と「クラフト」を駆使してiPhoneを模倣し、ほぼすべての携帯電話がスマートフォン化（iPhone化）したことによります。

すると、コモディティ化が起こり、果ては価格競争に行き着きます。その後どのような道をたどるかは、みなさんよくご存じだと思います。


21世紀の5分の1が終わろうとしている現在、わたしたちを取り巻く環境はどんどんと変化していっています。偉大なアーティストである経営者たちが創造したモノやコトが、時代の波によってどんどん陳腐化されていっています。

経営学者ヘンリー・ミンツバーグの言うところの「アート」「クラフト」「サイエンス」の中で、現在もっとも必要とされているのはどれでしょうか？

▽ノブレス・オブリージュ

もう2、3年前になるでしょうか、ニューヨークの著名なギャラリーと契約をしている日本人の画家の方からおもしろいエピソードを聞きました。

アメリカでは、エグゼクティブに昇進すると美術の勉強（鑑賞法や美術史）をしなければならないそうです。

その理由は大きく2つあり、1つは**トップ間での商談の際のアイスブレイクで芸術に関する話題が高い確率で出てくるから**。美的な教養がないとお金を稼ぐだけの人と思われ、足元を見られ、結果として会社に不利益をもたらしてしまうのだそうです。

もう1つは、**アートを学ぶことによって経営者としての新たな知覚と気づきを手に入れるため**。多くのエグゼクティブは、初めは嫌々ながらアートを学ぶそうです。しかし、その後アートファンになり、コレクターになる人たちが多いのだと言います。

世界一功利的と言われるアメリカの企業ですらアートの持つ力と価値を理解しているのに、日本の企業はアートの価値を分かっていない人が多すぎるとその画家は嘆いていました。

彼の作品の購入者は日本人以外のアートコレクターが多く、彼としては、母国である日本の人に購入してもらい、1人でも多くの日本人に見てもらいたいと声を大にして語っていたのがとても印象的でした。

ところで、偉大な経営者たちはなぜ、膨大な時間と経費を費やしてまで美術館を創設し、個々人が蒐集した美術コレクションを「公開」するのでしょうか?

それは、ノブレス・オブリージュ、つまり、地位の高い成功者の社会への篤志に他なりません。ブリヂストンの創業者でありブリヂストン美術館の初代館長の故石橋正二郎はこう語っています。

「好きな絵を選んで買うのが何よりも楽しみであるが、もとよりこのような名品は個人で秘蔵すべきでなく、美術館を設け、文化の向上に寄与することがかねての念願であった」

経営者自身が、あるときは勇気づけられ、またあるときは心のよりどころとなった美術作品をみなに見てもらい、豊かなひと時をすごしてもらいたいという、まさに社会への篤志でしょう。

最近、ベンチャー企業を立ち上げ大成功を収めた経営者が、東京の一等地である原宿に美術館を建てるという話を耳にしました。

▽日本画に魅了されたピーター・ドラッカー

「マネジメントの父」と呼ばれたピーター・ドラッカーは、世界中の経営者やリーダー、多くのビジネスパーソンに影響を与えた、もっとも著名な経営学者として知られています。

この著名な経営学者が、世界有数の日本画コレクターであったことはあまり知られていません。

彼が日本美術と出会ったのは1934年。銀行勤めをしていたロンドンで、たまたま迷い込んだ展示会でのことでした。

それから日本美術に惹かれ、初来日をした1959年より水墨画・禅画を中心とした作品の蒐集を始めました。これらのコレクションの多くは彼の別荘に置かれ、自ら「山荘コレクション」と名づけていました。

ドラッカーは生前、日本画について尋ねられるとよくこう言っていたそうです。

「正気を取り戻し、世界への視野を正すために日本画を見る」

また、蒐集の際は「なぜこれに心を奪われたのか」「どうして自分にとって特別なのか」と自問自答を繰り返し、吟味に吟味を重ね、これまでの蒐集品との調和までをも考えながら愛をもってコレクションに加えていたそうなのです。

▽経営とアートの関係

さて、稀代の経営学者ピーター・ドラッカーは、なぜこれほどまでに日本画に魅了されたのでしょうか?

ここまでの話を踏まえると、アートと経営との共通項が垣間見えてきます。

―1―新しい価値の創造―

アーティストは、絵筆でもって真っ白なキャンバスの上で常に新たな自己表現をし、作品を制作していきます。それと同じように、エポックメイキングな企業は、今までにない新たな価値を創造します。それは、何も描かれていない真っ白なキャンバスに新たな作品を創造していく画家のスタンスとてもよく似ています。

２ 調和とバランス

優れた芸術作品は絶妙な調和とバランスで構成されています。ドラッカーが水墨画や禅画に魅了されたのもこの部分かもしれません。事業経営においても、経営者と社員とが一体となることや、さまざまなレイヤーが見事なハーモニーを織りなしていくことが重要となってきます。この調和とバランスを保つ感覚は、まさにアートと言えるでしょう。

３ 時代を読み取る

優れたアーティストは、常に時代を読み取り作品に反映させています。現代アートの巨匠アンディ・ウォーホルは大量消費文化の象徴としてキャンベルのスープ缶やマリリン・モンローなどの誰もが知っているモノやコトをモチーフに作品を制作しました。つまり、彼は、当時世界一の消費国家だったアメリカの空気を読み取り、アートを大衆にデリバリーしていたのです。企業のサービスや商品についても同じです。その置かれた時代の空気を読み取って時代に合うように昇華していかなければ、人々の心はつかめません。

アートと経営の共通項を整理してみると、近年、将来の経営幹部候補を従来のようなビジネススクールではなくアートスクールに通わせるのも、十分納得できるのではないでしょうか。

アートはロジカルシンキングの限界を超える

さて、アートの持つエッセンスがビジネス領域にも活かされていることがお分かりいただけたことと思います。

ヨーロッパで活躍中の方から以前、欧米人はもともと思考の8割が論理的であり、ラテン系民族は7割、日本人は6割であると聞いたことがあります。これは逆に考えると、日本人はそもそも感性が豊かであるということです。

わたしは、今までのアメリカ式のロジカルシンキングを否定するつもりはまったくありませんし、ましてやアート原理主義者でも決してありません。ただし、**近年このロジカルシンキングのみでは天井にぶつかってしまい、新たな価値創造ができなくなってしまっている**ことに、当のアメリカ人も気づき始めているのは紛れもない事実です。

そのため、数十年ほど前まで、ビジネス界では決して注目されなかったＭＦＡホルダー（美術学修士号取得者）が活躍するような社会へとシフトするようになりました。

ロジカルシンキングはみなさん、あらゆる場面で使っているのではないでしょうか？　たとえば、会議や稟議を通すための数字のロジック、クライアントを説得するためのエビデンスの検証、そしてデータ作り。しかしこれらは、ゼロからイチを創り上げるものではありません。

1を2にする、もしくは2を3、4、5にしていく改善ももちろん重要ですが、ゼ

ロからイチを生み出す「アート（直観）」の種まきも同じように大切なのではないでしょうか？

第 2 章

アートの位置づけ

——その意味と役割

第1章では、アートがビジネスと密接な関係にあり、そのエッセンスがビジネスに活かされていることをご紹介しました。本章では、アートの位置づけを整理し、その意味と役割を考えていきたいと思います。

アートの主な役割

▽感性で問題提起・新たな価値の創造

まずは、アートの位置づけを整理したいと思います。

アートは決して孤立しているものではありません。アートはさまざまな領域と関わるものであり、どこか特定の位置を占めているものだと捉えると、誤ったイメージを持ってしまうことになります。

しかし、その主な役割は何か、という点で考えてその位置づけを行うことで、ここから先の議論の筋道がスッキリとしてきます。

アートと関わりつつ、それぞれ別々の役割を持つサイエンス、テクノロジー、デザインとの対比で、アートの位置、そして役割を整理していきましょう。

これらの関係を整理するために、「課題解決――問題提起・価値の創造」と、「ロジ

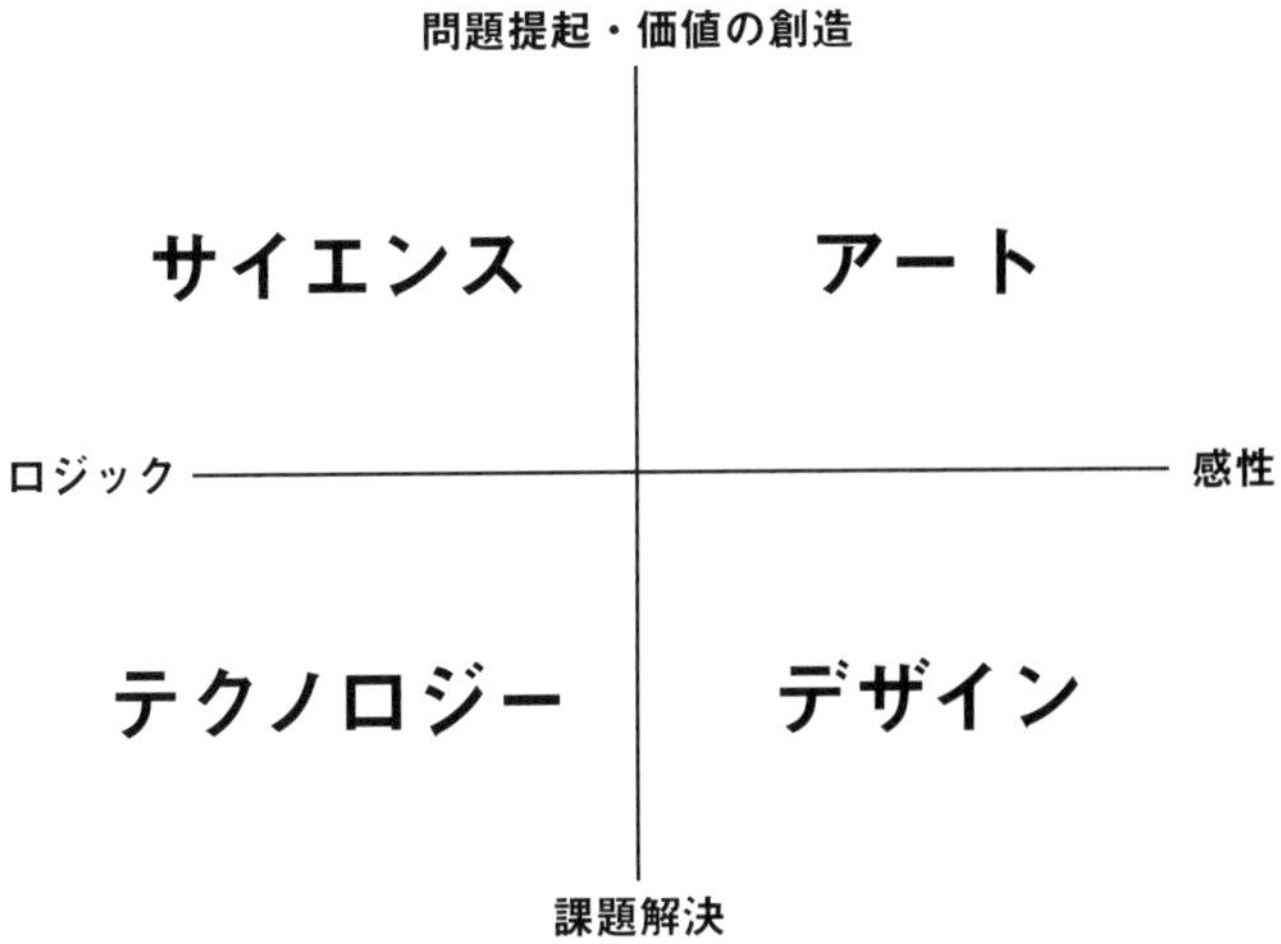

ック——感性」という2軸を取ってみましょう。テクノロジー、サイエンス、デザイン、アート、それぞれを配置すると、図の通りとなります。

テクノロジーは、ロジックで課題解決を図ります。

たとえば、お聞きしたことがある方も多い「アドテクノロジー」。ウェブ検索すると出てくる広告や、SNS上に出てくる広告を最適化する技術です。今までは、広く多くの人々に伝えるマスメディア広告が主流でしたが、IT技術の発展により、個々のユーザーニーズに最適な広告を届けられるようになりました。このアドテクノロジーは、広告業界の課題を解決し、広告業界そのものを大きく進化・変容させています。

サイエンスは、ロジックで問題提起・新たな価値の創造をします。

古くはニュートンの万有引力やアインシュタインの相対性理論。ここ最近では、山中先生が発見したｉＰＳ細胞の研究・開発があります。これは、再生医療という新たな価値を創造することでしょう。同時に、倫理的な問題を提起するものでもあります。

デザインは、感性で課題解決を図ります。

商品のパッケージデザインを変えたことによって売上が数倍も伸びた例は数多く存在します。人々の感性に訴えかけることにより、課題を解決するのがデザインの役割です。デザイン性の高い食器や家具に囲まれて心が豊かになるというのも、感性で課題を解決している例と考えていいでしょう。

そして、アートは感性で問題提起を行い新たな価値の創造をします。

みなさんご存じの印象派。当時の絵画に与えられたミッションは見たものを写実的に描くことでした。ところが、印象派の画家たちは自ら感じたままに「作品を通じて自己を表現する」ことを実践しました。鑑賞者の感性に訴えかけることで、絵画のあり方についての問題を提起、表現の新しい価値の創造を行ったのです。

印象派は、本国フランスではまったく評価されませんでしたが、当時の新興国であるアメリカでは高い評価を得ました。新たな表現手法の価値が、新たな国家を創り上げる過程にあった当時のアメリカで評価されたのは、決して偶然ではないでしょう。

アートの意味

▽アートは深層的な思考

わたしたちの思考は、大きく2つに分けることができます。それは、「表層的な思考」と「深層的な思考」です。

表層的な思考とは、短期的な課題や目標を完遂するためのものです。具体的な例と

しては、

・ＫＰＩ（Key Performance Indicator：最重要プロセスの目標数値）を達成するために日々の仕事でＰＤＣＡを回す

・来週末に実施するバーベキューの食材リストを考える

・天気予報によると明日は大雨なのでレインコートとレインブーツを玄関に用意する

などがあります。

深層的な思考とは、長期的な目標達成やビジョンを実現するためのものです。具体的な例としては、

・２０２５年問題（団塊の世代が２０２５年までに後期高齢者に達するので介護、医療費などの社会保障費が急増する問題）に対してどのような対策をとったらよいのか？

・２０３０年にすべての車が電気自動車化した際の自動車関連産業はどうしたらよいのか？

・人生１００年時代に、30年後の自身の人生設計をする

などがあります。

日々の仕事や生活では「表層的な思考」でさまざまなことをこなしていますが、長期的なビジョンを育むための「深層的な思考」を持っていないと路頭に迷ってしまいますし、人として生きていくことの価値を見出せなくなってしまいます。

テクノロジーやデザインは課題解決のために必ず実現・実行するためのものですので、どちらかというと「表層的な思考」に依存しています。

一方、サイエンスやアートは世の中に問題提起をし、新たな価値を創造するものであるため、「深層的な思考」により多く依存しています。

▽アートは〝いつか〟発揮される

わたしが主宰している、主にビジネスパーソンを対象にした、絵（デッサン）を描くことによって「右脳と左脳のバランスを活かした全体的な思考能力」と「新しいものを発想していく能力」そして「ものごとを俯瞰して捉え、調和のとれた思考能力」を高め、新たな知覚と気づきを手に入れる講座アート・アンド・ロジック（長くて中し訳ございません）の受講生の方から「ここで身につけたスキルを明日から仕事にどう活かしていったらよいか、具体的には分からない」という質問をいただくことがよくあります。

「深層的な思考」であるアートの持つ役割、そして意味はどこにあるのでしょうか？

「深層的な思考」はいわば地層のようなものです。さまざまな経験や学習が血となり肉となり自己のアイデンティティーが確立されるように、「深層的な思考」が顕在化するまでには大きな個人差があります。しかしながら、必ずどこかで、何らかの形で「深層的な思考」が活きてくるのです。

深層的な思考が活かされた具体的な事例をご紹介しましょう。

もし、私が大学であの授業に飛び入りしていなかったら、マックには多数の書体も、字体間を一定幅にする機能もなかったでしょう。

ところが10年後、最初のマッキントッシュを設計していたとき、カリグラフの知識が急によみがえってきたのです。そして、その知識をすべて、マックに注ぎ込みました。美しいフォントを持つ最初のコンピューターの誕生です。

スティーブ・ジョブズ
スタンフォード大の卒業スピーチにて

これは、生前のスティーブ・ジョブズのスピーチの一節です。彼は大学を中退したのですが、１９７５年に、聴講生としてカリグラフィーの授業を学びました。カリグラフィーとは万年筆やペンでオリジナルの書体を創り上げるアートです。

そして、10年後、このカリグラフィーの経験が活かされ具現化したのです。

スティーブ・ジョブズには「深層的な思考」であるアートを学んだ経験が、すなわち、頭の中の深い地層の中にある引き出しにしまってあった「カリグラフィーを描いた経験」が、10年の時を経て突如、具体的なアイデアとしてよみがえってきたのです。

アートが持つ役割はまさにこれです。身体を使い芸術的な活動をした経験は、遅かれ早かれ、必ずアウトプットされるのです。

相互に関連し合う4象限

サイエンス、テクノロジー、デザイン、そしてアート。この4象限は、それぞれが独立したものと現在は捉えられています。**しかし、歴史を振り返ってみると、それぞれが常に密接に関連し合っていたことが分かります。**

そのことを体現、実践していたのが、みなさんご存じのルネサンス期のイノベーター、レオナルド・ダ・ヴィンチです。「モナリザの微笑み」や「最後の晩餐」を描いたルネサンス期を代表する画家として有名なダ・ヴィンチですが、画家であると同時に科学者（サイエンティスト）、技術者（エンジニア）、建築家（デザイナー）でもありました。図をご覧いただければ一目瞭然でしょう。

ルネサンス期においては、サイエンスとアートはお互い補完し合う関係にありました。当時、人文主義者かつ建築家かつ画家であったレオン・バッティスタ・アルベルティが、著書『絵画論』の中で遠近法（数学的遠近法）の理論について詳しく触れ、

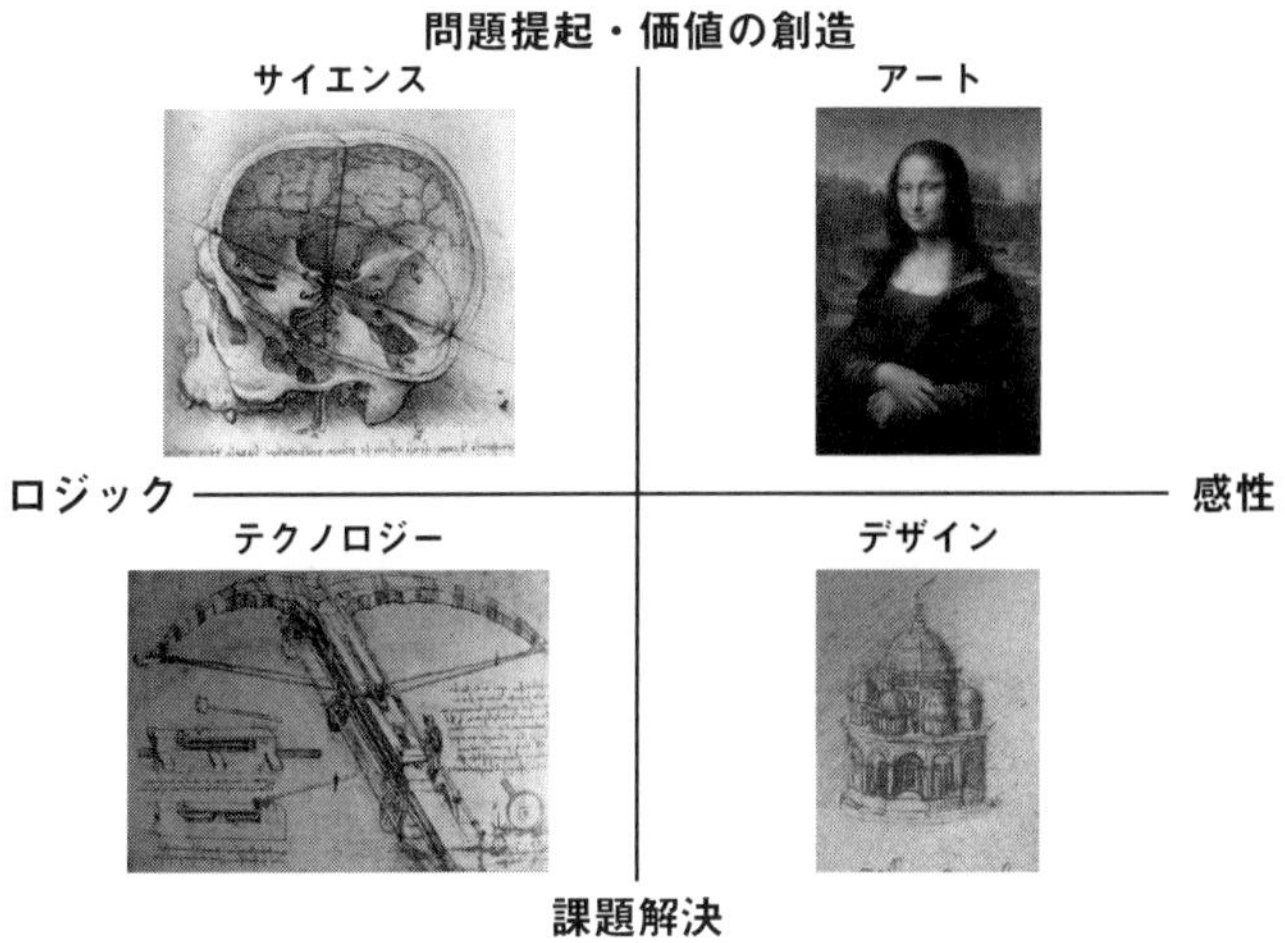

絵画とは遠近法と構成と物語の3つの要素が調和したものであると考えました。アルベルティは、画家たちに向かって、感性のみでなく、数学的な遠近法を学び身につけることによって、対象物を正確に描写し絵の中に秩序を与え、芸術作品に調和という概念がもたらされると述べました。

ルネサンス期に活躍した人々は、ダ・ヴィンチ、アルベルティをはじめとしてこの4象限の垣根を越えて縦横無尽に活躍するパイプレイヤーが何人もいたのです。

この4象限のそれぞれは、今なお関連し合っています。アートを軸に、それぞれとの関係を見ていきましょう。

▽アートとサイエンスの相互作用

―美術解剖学は東京藝大の必修科目―

医学そして医療の世界は高度なサイエンス（とテクノロジー）で構成されています。医学研究者が新たな発見や発明をし、その基礎研究成果をもとに医薬品メーカーが新薬の開発をし、医療機器メーカーがテクノロジーを駆使してさまざまな機器を作り、臨床医が診察や手術を行います。

意外なことかもしれませんが、**医学そして医療の世界とアートは、古くから密接に関係してきました。**写真が発明される以前の医学書には必ず図解として絵が載っていましたし、臨床医は患者の病状などをカルテに絵で記していました。

特に、外科医や解剖学の医学研究者には、デッサンのスキルが求められます。なぜなら、患部や人体をビジュアルで捉えるために、対象を描写するスキルが重要となるからです。

わたしの講座を受講される方の中にも、多くのドクターがいます。ドクターの方が絵を描いていくプロセスは他の方とやや異なります。たとえば、手を描く場合、彼らは骨の構造を知っているため、目に見えない内部の様子を理解したうえで描写しているのです。

東京藝大の油絵科（正式名称：絵画科 油画専攻）には、美術解剖学という必修科目があります。これは、有機物（自然のもの）を描写するために人体の形態と構造を研究するものです。この東京藝大の美術解剖学は、明治24年（1889年）の森鷗外の講義より始まったそうです。

アートを見る目がサイエンスを加速する

さて、ハーバード、スタンフォード、コロンビアなど、アメリカのトップランクの医学部では、アートを導入したユニークな授業が導入されています。その内容は、ファシリテーターの指導のもとで絵画鑑賞を行うというものです。このプログラムを受講すると、視覚に基づいた診断のスキルが著しく向上するという結果が報告されています。

それだけではありません、受講を重ねるごとに、患者と向き合う時間が伸びていくのです。実はこのプログラム、医者の卵たちが人間らしいヒューマニズム（情緒）を失っていくのを大学側が危惧したことから始まりました。その背景には、最新鋭の機器やデータに基づいた診断がどんどんと普及しているという事実がありました。

絵画鑑賞の他に、一風変わったデッサンの講座もあります。作品のコンセプトやアーティストの持つ哲学など、根底にある想いを学んでから実際にデッサンをするという講座です。受講後は、患者の声色や表情の違いをより敏感につかめるようになり、症状を発見する機会が増加するなど、臨床スキルに圧倒的な変化が見られるそうです。

こういった事例は、まさに感性で問題提起をし、価値の創造を行うアートがサイエンスに対して新たな意味づけを与えた例と言えるでしょう。

一時期わたしの講座の講師をしていた画家が、DAAD（ドイツ学術交流会）の奨学金を得て留学していた際に、同じ奨学金を得て留学していた縁で知り合った数学の研究者が「研究に行き詰まった際に美術館を訪れ、絵を鑑賞すると往々にしてヒントを得られる」と話していたというのを聞きました。具体的にどんなジャンル（具象画なのか、抽象画なのか?）で、誰が描いた絵なのかまでは聞いたことがないそうですが、アートの鑑賞がこの数学研究者にとって大きな意味があったことは間違いないでしょう。

「ジ・アート・オブ・アート・アンド・サイエンス」

ビジネスサイドでのアートとサイエンスの関わりを示す事例も紹介しておきましょう。

アメリカのITテクノロジー企業にはジ・アート・オブ・アート・アンド・サイエンスという概念があります。翻訳すると、「アートとサイエンスの実践」となります。

アメリカをはじめ、各国のグローバル企業のECサイトに機械学習エンジンを提供するアメリカ・カリフォルニア州の企業で働く知人に、このジ・アート・オブ・アート・アンド・サイエンスについて詳しく教えてもらいました。

これは、**「データ解析、仮説を立証するためのサイエンスが持つプロセスと、ものごとをじっくりと観察し、クライアントのビジョンを深く理解するためのアートの力、この2つの力のバランスがビジネスを前進させる」**という考え方なのだそうです。

サイエンスとアートという両輪に、最新技術を載せてビジネスを進めていく、というイメージでしょうか。

最先端のAI技術を駆使しているIT企業がアートの持つ力を理解し、かつ取り入れているのはとても興味深い事実です。ＩＴを駆使している会社だからこそ、人間がすべきことへの本質的な理解が深いのかもしれません。

▽アートとテクノロジーの関係

ハッカーと画家

世界初のＥＣアプリケーションViawebを開発し、ヤフーへの売却によって巨万の富を得たプログラマーであり、現在、１４００社以上のスタートアップに投資しているベンチャーキャピタルＹコンビネーターＬＬＣのファウンダー、ポール・グレアム。ＹコンビネーターＬＬＣは、DropboxやAirbnbを育て上げたことで知られているため、名前を聞いたことのある方も多いのではないでしょうか。

彼の経歴は、ルネサンス期の知の巨人たちのようにとてもユニークです。哲学の学士号を取得した後、コンピューターサイエンスの分野で修士号と博士号を取得。その後、アメリカのデザインスクールで学び、最後はフィレンツェの美術学校で絵画を学びました。

彼は、エッセイストでもあり、著書『ハッカーと画家——コンピュータ時代の創造者たち』（ポール・グレアム著、オーム社）は、とても興味深い内容で満載です。中でも、**テクノロジーを操るエンジニアがアプリケーションやシステムを構築していくときの振る舞いが、画家が絵を完成させるまでの思考法やプロセスと共通している**ことを語る箇所は秀逸です。彼は、エンジニアリング（ソフトウェア開発）とドローイング（絵を描くこと）は、ほぼ同じ行為であると述べています。

アートの要素がテクノロジーの実装と共通している点、アートの視点や思考がいかに役立っているかは以下の通りです。

エンジニアと画家：エンジニアと画家に共通することは、どちらも創造をする人間であり、制作過程において新しいテクニックを発見し、身につけられることにある。つまり、実践を通して常に新たな発見をしている。

デッサンとプログラム開発：絵画の基礎であるデッサンは、全体を見ることと細部を見ることを常に繰り返す。この繰り返しによってもとの計画が間違いだったと分かったときには、修正を加える。X線で見てみると、手や足の位置が動かされたりしている絵画は数え切れないくらいある。これは、プログラミングにとって大変参考になることだ。プログラムの仕様が完璧であるなどと期待するのは非現実的だからだ。そのことをまず認め、プログラムを書いている最中に仕様が変わったとしても、それを受け入れられるような書き方をするべきである。

観察の重要性：画家たちは、常に世の中にない新たな価値観を創ろうとしている。彼らは、美術館を訪れて偉大な過去の画家の作品を観ることを決して欠かさない。なぜなら、美術館は技法の宝庫であるからだ。プログラマーも、よいプログラムをたくさん見ることによって多くを学ぶことができる。

熱狂的な没頭：偉大なソフトウェアを仕上げるには、美に対する熱狂的な没頭が必要である。よいソフトウェアの中身を見ると、誰も見ないような箇所でさえ美しく作られている。それは巨匠の絵画も同じである。彼らは、絵を見る人が気づかないような葉の1枚まで、注意深く描く。たとえば、レオナルド・ダ・ヴィンチのジネヴラ・デ・ベンチの肖像画。他の多くの画家であれば、単なる人物の背景を埋めるだけの樹木と考えるかもしれない、絵を見る人もそこまで注意深く見ないと思われる箇所でさえ、徹底的に手間をかけている。

協調と調和：絵画は、自分の仕事をどのように自己管理したらよいかを教えてくれるばかりでなく、他の人々とどのように協調して仕事をしたらよいか、ということも教えてくれる。ルネサンス期の偉大な芸術は、美術館で展示される際に1人の芸術家の名前しか挙げられていなくても、実際は複数の人によって創られる場合が多い。今で言うところの、プロジェクトリーダー役の親方が中心部を描き、画家たちをアサインするのである。そのとき、同じ箇所を2人で描くことは皆無であり、また、他の画家が後で描き足すことも決してない。ソフトウェアにおける開発プロジェクトでも、この姿勢が大いに参考となる。絵画は人が見るためのものであり、ソフトウェアは人が使うものである。本当にすごい仕事をなすには、共感・共鳴する力が必要である。

いかがでしょうか？

ちなみに、わたしが主宰しているビジネスパーソン向けのデッサン講座「アート・アンド・ロジック」を受講される方の中で、もっとも多いのがエンジニア。次に多いのが研究開発職の方です。

受講後の感想をお聞きすると、ポール・グレアムが著作で述べているのと同様に、開発と絵を描くスキルとの共通点が非常に多く出てきます。

▽ＡＩとアート

本章の最後に、サイエンスとテクノロジーの最新の成果ともいえるＡＩとアートとの関係について触れてみたいと思います。

第3次ＡＩブームと言われている現在、今後20年以内に今ある仕事の約半分がＡＩにとって代わられるという記事をしばしば目にします。たとえば、コールセンター、会計士、秘書業務、小売店販売、レジ打ち、人材マッチングなど、データ収集によりパターン化できる仕事はＡＩにとって代わられる可能性がとても高いと予想されています。

現在、これらの仕事に従事されている方々は戦々恐々でしょう。しかしながら、どんなにＡＩが発達したとしても、これにとって代わられない分野は必ず存在します。第1章でも述べた通り、アイビーエムやアクセンチュアなど大手のコンサルティング企業やＩＴ企業が広告会社やデザインチームを社内に持ち、企画を内製し始めていることは、まさに象徴的な事実と言えましょう。

また、先述のカリフォルニアのＩＴテクノロジー企業がアートとサイエンスをもってビジネスを前進させているように、今後ますます人間が本当にすべき仕事が明確化されることでしょう。

ＡＩをアートの表現手段として、人間がすべき仕事とは何かという点について問題提起している事例を2つほどご紹介いたします。

―レンブラントを復元するＡＩ―

２０１６年、ＡＩを駆使した、17世紀のバロック期を代表する画家レンブラントの新作が完成したというニュースが流れ、話題となりました。

ディープラーニングによって既存のレンブラントの作品を微細な特徴まで分析し、3Dプリンタを使いレンブラントを再現したのです。

これは、AIが過去の偉大な芸術家の才能そのものを模倣・完全コピーすることに成功した顕著な例と言えるでしょう。この、レンブラントの新作を創り出したチームは、「テクノロジーとアートの結婚」と発表しました。

しかしながら、当たり前のことですが、そもそもオリジナルのレンブラントが存在しなければ、AIは新作を発表することなどできません。

つまりこれは、新作ではなく、贋作をAIが作り上げたことに他なりません。

アートが本来持つ使命、印象派の画家たちが成し遂げた表現の革命や、ピカソやダリが世の中の今までの価値観を揺るがし新たな価値を創造したようなことは、どんなにテクノロジーが発達しても、金輪際無理でしょう。

ただし、過去の表現を組み合わせ、アレンジする領域では、AIは大活躍するはずです。たとえば、このAI技術は、新作と贋作を見極める可能性を秘めているという点で、アート界に大きく貢献するかもしれません。

1984年から、2005年にフランス警察に逮捕されるまでの間、20年以上にもわたって、ピカソ、シャガール、ダリ、マティスなどの巨匠の贋作を制作し続け、荒稼ぎをしたギィ・リブという世界一有名な贋作作家がいます。AI美術鑑定士なら、彼の精巧な贋作を見極められるかもしれません。

デッサンロボット

フランスのパトリック・トレセットというアーティストは、AIを作品制作の手段、すなわち、画家が絵を描くための絵筆や絵の具のように扱い、作品を創りました。

彼は、デッサンロボットを開発し、ロボットが描いた作品、および、ロボットに絵を描かせる行為そのものをパフォーマンスにし、これも合わせて作品としているのです。

デッサンロボットによる制作風景は、とてもシュールです。椅子に座ったモデルを数台のカメラが搭載されたロボットアームが囲み、AIが搭載されたロボットが無機質な音を立てて鉛筆でデッサンを描いていきます。そして、数十分もするとデッサンが完成します。

完成されたデッサンは、ロボットが描いたものであるため、どれも画一的で、個性のかけらなどまったくありません。しかも、そのデッサンはお世辞にも上手いものではありません。

おそらく彼は、この作品を通して、人間の持つ創造性（クリエイティビティー）の高さと、人間のみが持つ個性の偉大さを伝えたかったのではないでしょうか？　人間でなければなしえない仕事、それは、まさにアートである、と。

彼は、デッサンロボットを創り、ロボットに描かせることによってＡＩの限界を世に問うたのです。

以上見てきたように、サイエンスとアート、テクノロジーとアートという、一見するとまったく関連性がなさそうな領域は、それぞれの深いところで相互に密接に関連し合っているのです。

では、アートとデザインはどのように関係しているでしょうか？　こちらについては、章を改めて考えていきたいと思います。

第 3 章

アート・デザイン・クリエイティビティ
――それぞれの関係

アートは感性によって問題を提起し、価値の創造をするものであり、デザインは感性によって課題解決をするものです。サイエンスやテクノロジーがそうだったように、アートとデザインも密接に関連し合っています。ここでは、アートとデザインの意味するところと、それらの違い、役割について深掘りしていきたいと思います。

アートとデザインはどう違うのか？

▽クリエイションとソリューション

「アートとデザインの違いとは何だと思いますか？」

わたしは、初めてお会いする方に、必ずこの問いかけをさせていただきます（プロアマ問わず）。

さまざまな答えが返ってきますが、おおよそは次の通りです。

「アートはよく分からないもの、デザインは分かりやすいもの」
「アートはお金にならないもの、デザインはお金になるもの。ただし、アートはたまにとてつもないお金を生み出すことがある」
「アートは浮世離れしているもの、デザインは現実的なもの」
「デザインはマーケティングするもの、アートはマーケティングしないもの」

「デザインは生活に根づくもの、アートは人生に根づくもの」

どれもこれも間違っていないと思いますし、数学の問題のように、そもそも正解があるものでもありません。

しかし、両者には明確な違いがあります。

それは、アートは「作り手であるアーティスト（作家）が自分の中にある思考を表現するもの、または表現の行為（クリエイション）」であり、デザインは「クライアント（依頼者）の課題解決（ソリューション）」であることです。また、デザインにはクライアントには必ず報酬が発生しますが、アートには必ずしも報酬が発生するわけではありません。

▽デザインは課題ありき

具体的に見ていきましょう。

デザインには必ずクライアント（依頼者）がいて、受発注に基づいて機能（ワーク）します。

たとえば、山本堂という食品メーカーがあったとします。現在、漢字のみからなるロゴを持っていますが、グローバルに事業を展開していくために、英語のロゴが必要になりました。「英語のロゴが必要」というのが課題であり、デザインの出発点になります。

この課題を解決するために、会社は〝YAMAMOTO DO〟という英語表記のロゴをデザイナーに発注します。デザイナーは山本堂からロゴ制作のためのオリエンテーションを受け、取材、インタビューを重ねてクライアントである山本堂の意に沿ったロゴの制作準備をします。

この際、デザイナーは〝YAMAMOTO DO〟がグローバルで認知されるためのロゴ制作という制約のもとでデザインすることが求められます。山本堂という漢字の並び方が好きだからという理由で漢字のロゴを制作してしまっては、課題の解決には決してなりません。

当たり前のことですがグローバルでの認知が目的ですので、英語のロゴというルールに沿って作らなければならないのです。デザインには課題が初めに存在し、その課題を（視覚）表現によって解決していくものなのです。

▽アートは自己表出

それに対してアートは、アーティストが誰かに指示されて作るわけではなく、自発的に創り上げるものです。そのため、アートには外的なところからの課題は存在しません。アーティストが表現したいことをひたすらカタチにしていくのです。当然のことながら、そこにマーケティングや、ましてや事前のアンケートが行われることはありません。

第1章で取り上げたグラフィックデザイナー亀倉雄策は生前、デザインとアートの違いをこのように述べていました。

「アーティストは自分の身体の中にあるすべての思いや感情を吐き出し表現するのが仕事であり、それゆえに作家なのである。デザイナーはあくまでクライアントの課題を解決するのが仕事であるので制作物に作家性を1%でも入れたのであればデザイナー失格である」

つまり、アーティストはとことんまで自己を表現するのに対して、デザイナーはクライアントの課題解決のために、たとえば、プログラマーがクライアントのシステムを構築するためにプログラミング言語を使ってプログラムを書くように、軸は常にクライアントに寄り添ったところにあります。

アーティストもデザイナーも同じように（視覚）表現をしますが、目的は大きく異なるのです。

▽クリエイティビティとは何か？

アートとデザインの大きな違いについてお分かりいただけたと思います。

さて、最近、クリエイティブとかクリエイティビティという言葉を、以前よりも多く聞くようになってきました。

アートもデザインも大きなクリエイション（創造）という枠組みの中の活動といえます。先ほど紹介した通り、デザインは課題を解決するというアウトプットがなされ、アートは自らの表現というアウトプットがなされます。アウトプットの違いこそあれ創造することに違いはありません。また、このクリエイションは視覚表現に限ったことではありません。音楽や文学などの表現もクリエイションと言えるでしょう。

ところで、クリエイティブと言われている職種に従事している人々、アーティスト、デザイナーをはじめ、アートディレクター、コピーライター、クリエイティブディレクター、といったいわゆるクリエイター以外の多くの人々は非クリエイティブ、つまり、創造的ではないのでしょうか？

「わたしにはセンスのかけらもありませんから」「ロジカルシンキングは得意だけれども、クリエイティブな思考はまったく持ち合わせていません」と口にする人がよくいます。本当にそうでしょうか？　**実は、日々の生活の中で、そういった方々も十分にクリエイティビティを発揮しているのです。**

たとえば、カレー。始めの頃はインターネットのレシピサイトや市販のカレールーのパッケージに載っているレシピに忠実に作ったはずです。まずはタマネギをみじん切りにして狐色になるまで炒め、その後肉を軽くソテーして、タマネギと一緒にカレー鍋に放り込む。次にニンジンを軽く炒めて鍋に入れ、水をレシピ通りに加えて煮込み、最後にカレールーを投入。これを煮込んで完成、というのが王道でしょうか。

さて、何回かカレーを作っていくうちに、ご自身なりにどんどんとアレンジを加えていった経験はありませんか？　たとえば、豚肉を鶏肉に変えてみたり、ルーとは別に香辛料を使ってみたり、ヨーグルトを加えてみたり。

こういった経験を繰り返し、試行錯誤ののちにご自身のオリジナルカレーを作った経験がある方もいるかもしれませんね。

これは、カレーに限ったことではありません。まずはマニュアル通りに作業し、経験を重ねながらさまざまな情報をインプットし、カスタマイズしていく。こういったことは、どなたにも経験があるはずです。

これこそまさに、クリエイティブな行為そのものです。**つまり、クリエイティビティとは、既存のあるものに自身で入手した情報を使ってアレンジを加え、別のあるものと組み合わせることにより新しいものを生み出すことなのです。**

クリエイティビティをこのように捉えるならば、誰もが実はクリエイターと言えるでしょう。

デザインの思考プロセス

▽既存の意匠や先人の知恵を再構築

前節でアートとデザインの違いに関して紹介しましたが、それぞれの思考プロセスはどのようになっているのでしょうか？　アーティストとデザイナーの思考プロセスをたどりながらそれぞれ紐解いていきましょう。

デザイナーが表現物を作り出すプロセスは、頭の引き出しの中にストックしてある既存の意匠や先人たちの知恵を引っ張り出し、それに、インプットした新たな知識や情報を組み合わせて制作していくというものです。

たとえば、ルイ・ヴィトンのモノグラムは日本の家紋をモチーフに制作されています。なぜかというと、当時、類似品が多く世の中に出回っていたため、偽造防止のためのソリューションとして、真似されにくくかつ大量に製造できる意匠ということで家紋に行き着き、1896年、これをモチーフにモノグラムが誕生したのです。

また、1964年の東京オリンピックのポスターの赤い日の丸は、制作総指揮をしたデザインディレクターが、日本で開催される意味づけとして豊臣秀吉の赤いちゃんちゃんこにインスパイアを得て作られたものです。

▽デザインのさまざまなジャンル

わたしたちは、日々の生活の中でさまざまなデザインを目の当たりにしています。交通標識、電車、バス、スマートフォン……。ふだんあまり気づくことはないかもしれませんが、わたしたちはデザインに囲まれて生活しているのです。

ここで、デザインのジャンル（の一部）をご紹介しておきましょう。どれも、何かしらの課題解決になっていることに気づくでしょうか？

グラフィックデザイン――主にポスターなどの平面のデザインです。
プロダクトデザイン――車や家電などの工業製品のデザインを指します。
インタラクティブデザイン――ウェブデザインを指します。

ファッションデザイン——みなさんご存じのもっともポピュラーなデザインでしょう。

スペースデザイン——空間デザインとも言います、内装やインテリアのデザインです。

ここまではみなさん、聞いたことがあると思いますしイメージ通りではないでしょうか？

最近よく耳にするのが、コミュニティデザインや地域デザインです。こちらは、具体的なモノや製品（成果物）としてのデザインではなく、人と人とのつながりやその仕組みをデザインすることを指します。町おこしや地方創生などはこちらに当たります。

なお、デザイン（design）はラテン語のdesignate（計画、設計する）に由来します。コミュニティデザインは、語源に寄り添ったものだと言えるでしょう。

アートの思考プロセス

▽始まりは印象派

アートとデザインの違いを、もう一度確認しておきましょう。デザインには必ず解決すべき課題があります。一方、アートは外的要因からの課題は存在しません。アーティストが表現したいことのみをひたすらカタチにしていくのです。

つまり、アートはアーティスト自身が、常に自分自身を通して、自身の考えや伝えたいこと、世の中に問いただしたいことをさまざまなメディア（美術の世界では支持体とも言う）を通して表現していくのです。

印象派を事例に、具体的に見ていきましょう。

封建主義が終了する19世紀前半まで、画家たちの多くは王族や貴族のお抱えでした。つまり、アーティストではなく絵師だったのです。しかしながら、フランス革命によって貴族社会が崩壊するとご主人様がいなくなり、絵師たちは失業してしまいます。

職を失った絵師たちは、自身の思うように、そして、感じたままに表現するようになっていきました。これが印象派の始まりです。こうして、現代のアートへと続く道筋、つまり、作品を通じて自己を表現する活動が始まったのです。

印象派の絵画は今でこそ多くの人を魅了しますが、その語源は、「印象的に下手くそ」と当時のベテラン画家たちや評論家から呼ばれていたことにあります。

印象派が登場するまで、絵画というものはいかに写実的に描くかがもっとも重要とされていました。当時の絵画には、写真の役割が求められたからです。そのため、見たままをいかにリアルに描写できるかが絵画のミッション・役割であったのです。

ところが、印象派の画家たちは自分たちが感じたままに自由に表現し始めたのです。事実、彼らは抽象画を初めて描いた画家でした。

それゆえ、当時の保守的な人々から、対象をリアルに描けない「印象的に下手くそな若手画家たち」という烙印を押されたのです。

印象的に下手くそな画家たちである「印象派」は、出始めの頃はさんざんな評価ゆえにアート界ではアンダーグラウンドな存在でした。ところが、数年を経て新興起業家たちであるブルジョワ層の間で評価が上がり、また、当時の新興国家アメリカに彼らの絵を求める人たちが多数現れました。現在のベンチャー経営者が現代アートを購入するのと同じ現象が当時も起こっていたのです。

印象派の画家たちは、技術革新の恩恵にも与ることができました。ルノワール、シスレー、モネなど印象派の画家たちの絵に風景画が多いのは、産業革命によって技術革新がなされ、絵の具がチューブに入れられるようになることで、絵の具がモバイルツールになったことによります。

20世紀に入ると、アーティストたちはキャンバスだけではなく、さまざまなメディアに表現していくようになりました。印象派の画家たちが産業革命による技術革新の恩恵を受けたように、20世紀以降の技術革新もまた、アーティストの表現の幅を広げているのです。

▽アートのさまざまなジャンル

デザイン同様、アートにもさまざまなジャンルがあります。しかしながら、デザインのように課題ありきというわけではありません。アーティストたちが日々新たな表現方法を模索、開発をしているため、デザインのように明確にカテゴライズすることはできないというのが正直なところです。

ファインアート——芸術的な価値を主眼に置いた純粋芸術のことで、主にタブロー（絵画）を指します。そのため、マンガやイラストレーションのような娯楽は、通常ファインアートには含まれません。

インスタレーションアート——空間や野外を表現の場として使用する芸術表現です。

プロジェクトアート——複数人のアーティストが連携して一つの創作表現をするものです。

ストリートアート——街中の外壁に主に刷毛やスプレーを使って制作・表現す

るものです。

メディアアート――日々進化するテクノロジーを表現の手段として用います。

近年話題になっている建物や空間に映像を映し出すプロジェクションマッピングは、メディアアートの一例です。

ここで、近年アートの可能性を大幅に拓いていきつつあるメディアアートについて詳しく記しておきましょう。現在のところ、多くの美術作品はキャンバスに描かれていますが、古くは石や壁面や地面がキャンバスの代わりとなっていました。そこから長い歴史を経て、今のようなキャンバスに絵を描くことに落ち着いたのです。

メディアアートは、ＩＴデバイスを絵筆のようにツールとして使うことで、キャンバスを刷新しようとしています。画家が絵筆というツールを使用して作品を創り上げていくように、メディアアーティストたちにとってパソコンの画面こそがキャンバスであり、キーボードや、コンピューター言語が絵筆の役割となり作品を完成させるのです。

テクノロジーの発達とともにさまざまな表現手段が現れ、それに呼応して新たなジャンルが登場することがお分かりいただけたのではないでしょうか。

デザインと同様にアートにもさまざまなジャンルや形態（スタイル）がありますが、もっとも違うところは、常にアーティスト自身の意志を通して表現するところにあります。また、デザインのように目標や課題設定をし、解決をしていくプロセス自体がアートにはないため、アーティストたちが実行、創造したエポックメイキングな表現が後づけでジャンルとなる場合がままあります。

ゼロからイチを生み出す思考法

▽デザイン思考は魔法の杖か？

ここ最近、デザイン思考という言葉をよく耳にする方も多いのではないでしょうか？　ここからは、デザイン思考について深掘りしていきたいと思います。

デザイン思考とは、一言で述べるならば「デザイナーの思考をデザイナー以外の人に共有し、その思考を新たなクリエイティブに活かす」というものです。つまり、デザイナーの発想や思考法をビジネスイノベーションにも活かしていこうという「発想法」なのです。

デザイン思考のプロセスを、「日本に来た海外旅行者（インバウンド）の満足度を高めるには？」というテーマを例に説明します。

Empathize ——他人の気持ちを感じとる

まず、チーム内のメンバーの気持ちをお互いに言語化し、相互理解を図ります。

具体的には、チームメンバーそれぞれが旅行に対して個人的にどのように感じているのかを理解し合います。旅行が大好きなメンバーもいるでしょうし、旅行に興味関心がまったくないメンバーもいることでしょう。ここでは、旅行に対する思いをメンバー一人一人が言語化して他のメンバーと共有することが重要です。

Define ——サービスの機会を発見する

現場に出てユーザーの行動をじっくりと観察し、インタビューを行いサンプルの収集を行います。

たとえば、2人一組でチームとなり、旅行者がたくさん集まる場所である東京駅の出口付近で、来日した観光客に「何があったら便利ですか?」「何が不満ですか?」といったニーズを掘り出せそうな質問を投げかけるインタビューを実施します。その際に、旅行者の身なりや共通して所持しているものも、インタビューと合わせてじっくりと観察します。

Ideate——アイデア出しをして合成する

現場で収集したサンプルをもとにチームメンバー同士でブレスト(意見交換)を実施し、一つのプランを完成させます。

このステップでは、チームそれぞれのインタビュー結果をもとにブレストを行います。その結果、ほぼ100%の人がスマートフォンを持っていることが分かったとします。また、東京の鉄道はとても複雑でわかりにくいことも、インタビューの共通項目として出てきました。そこで、外国人観光客のための東京鉄道マップをスマートフォンサイト限定で作ることにしました。サイト名は「tokyo smart station」です。

Prototype ――試作品を作る

プランをもとに試作品を作ります（こちらはウェブサイトであったり、モックであったりします）。

たとえば、「tokyo smart station」の簡単なテストサイトを、ウェブエンジニアやデザイナーの協力のもと作ります。言語は英語版のみでよいでしょう。テストサイトであるため広くオープンに見ることはできませんが、東京駅構内に「tokyo smart station」のチラシを設置するなどして、ユーザーのフィードバックが得られるようにします。

Test ――テスト結果を検証する

試作品をユーザーにテストしてもらい検証を実施します。

チラシ設置から1か月が過ぎました。テストではありながらも当初の想定の1・5倍のサイトへのアクセスがありました。テストとしてはまずまずの成果が出ました。テストサイト上のアンケートによると、京都や大阪の鉄道情報も載せてほしいという要望がたくさんありました。これから本格的なサービスを検討していく中で、関西圏の鉄道情報を入れていくことが課題となりそうです。

これがデザイン思考の具体的なステップです。
みなさん、こちらをお読みいただきどのように感じたでしょうか？
わたしが実際にこのデザイン思考を体感したことでの大きな気づきは、次の3点です。

1 言語化できないことには何も始まらない

デザイン思考ならではの大きな特徴は、Empathize（他人の気持ちを感じとりお互いに言語化することで理解し合う）から始まるところです。これはなぜなのでしょうか？
デザイン思考が生まれたアメリカが多民族国家であるからだろうとわたしは考えています。さまざまな人種や多様なバックグラウンドを持つアメリカでは、英語が唯一のコミュニケーションをするための共用ツールです。**個々人が感じていることを口に出して言語化することで共通認識を抽出し合い、相互理解を図るのです。**

その点、我々日本人はどうでしょうか？「空気を読む」とか「察する」「行間を読む」「あうんの呼吸」に代表されるように、非言語でのコミュニケーションに重きを置く傾向にあります。

日本の国立大学の大学院で学んだ、日本語がとても流暢な台湾人の女性から聞いたとても印象深い話があります。彼女が日本のメーカーから広告代理店に転職した際に、上司から言われ続けた言葉が「空気を読んでよ」でした。彼女は「『空気』なんて読めないんですよね。『空気』なんていうありもしない不確実なことを読んでビジネスを実行しなければいけないのは、とても大変です」とこぼしていました。

アジア、しかも近隣の台湾には「空気を読む」という文脈があるとすっかり思っていたわたしは、これが日本独自のものであることに気づき、とてもびっくりしました。

アメリカで長くご活躍されたグラフィックデザイナーの方から「言語化できないことはカタチにできない」という大原則が、デザインの本場であるアメリカに存在していることをお聞きしたときにもびっくりしました。

それまでわたしは、デザインというものは、雰囲気や空気をカタチにするものであると思っていました。実際に、今まで何十人ものデザイナー職の方々と仕事をしてきましたが、もっとも苦労したのは、感覚や感性の世界で生きているデザイン業界の人たちに、いかに言語化したものを伝え、理解をしてもらうかでした。

日常から非言語によるコミュニケーションに重きを置く日本において、このEmpathizeから始まるデザイン思考は、とてもとっつきにくいものと言えるでしょう。しかしながら、あえて曖昧な「空気」を「読む」ことを封印することによって、明らかな「事実」、つまり、ファクトベースでものごとを進めていくよう仕向けるのは、課題解決をするうえでとても有用な手段になるでしょう。

2 じっくり観察することが大事

デザイン思考の2つ目のステップである「Define——サービスの機会を発見する」では、じっくり観察することがとても重要とされます。ここで、じっくりと観察することによって問題の本質が発見され、解決に至った例を紹介いたします。

とあるアメリカの空港で、新たにチケットを読み取るハンドデバイスが導入されました。ところが、以前に比べて乗客が搭乗するまでの時間が長くなってしまう、つまり、以前より待たされてしまうという問題が発生しました。効率化を図るためのデバイスが、非効率を招いてしまったのです。

当初、デバイスの造りに問題点があると思われていたのですが、詳細な調査分析をしても一向に問題点が見つかりませんでした。そこでとある会社に相談することにしました。

その会社が真っ先にしたことは、現場である空港に張り付き、何日もじっくりと観察をすることでした。

その結果、2つの大きな要因を突き止めました。

1つ目はなんと、空港職員の制服が原因であるというものでした。実は、チケット読み取りデバイスのリニューアルとほぼ同時に空港職員の制服のリニューアルがあり、この制服がとても動きづらいものだったがゆえに、乗客のチケットをチェックするのに以前よりも時間がかかるようになってしまったのです。2つ目は、ハンドデバイスが設置されている場所でした。

結局のところ、動きにくい制服に取りにくい位置にあるハンドデバイスという、空港職員にとっての二重苦が時間泥棒の犯人だったのです。制服を変え、ハンドデバイスを取りやすい位置に設置したことで問題は無事解決、新しいデバイスの効果もあり、搭乗までの時間は大幅に短縮されました。

じっくりと観察することがいかに大切かということがお分かりいただけたのではないでしょうか？

ちなみに、この問題を発見し、解決へと導いたのはデザイン会社でした。

デザイン思考を実践されている方から、日本人はこの「じっくり観察する」というステップがとても不得手であるとお聞きしたことがあります。これは、日頃から「空気を読む」「察する」「行間を読む」「あうんの呼吸」を大切にしているわたしたち日本人は、ものごとをありのままに冷静沈着に事実として捉えることが苦手だということを物語っているのではないでしょうか。

のちほど詳細を記したいと思いますが、絵を上手く描く（あるものをそのまま描写できるようになる）ためには、描く先の紙のほうに神経を集中させられるかではなく、描く対象をいかにじっくりと観察できるかが鍵となります。**つまり、良質なインプットが良質なアウトプットを生み出すということです。**

現状の問題点を発見するためには、見えない行と行との間を察して行間を読むのではなく、事実をありのままに見ることが大切なのです。デザイン思考は、その点を方法論に落とし込んでいるのだと思います。

3 課題解決に功をなす

デザイン思考のアプローチによって既存の製品が生まれ変わったとても興味深いエピソードがあります。

本書をお読みになっている方でＭＲＩを体験したことがある方はいらっしゃいますでしょうか？　わたしはつい数か月前に、人生で2回目のＭＲＩを体験しました。

正直、心地のよいものとは決して言えない体験でした。わたしは閉所恐怖症ではありませんが、それでも15分ほどの間、狭い筒の中で、大きな金属音を聞かされるのは不快そのものです。大人のわたしですらこうなのですから、子どもにとってはトラウマになるような強烈なマイナスの体験となります。

実際、多くの子どもがＭＲＩに対して恐怖心を感じるため、鎮静剤を打って臨むそうなのです。この恐怖心を払拭できないかとデザイン思考が実践されました。そして、ＭＲＩを検査用機器ではなく、未知への冒険という体験型アトラクションとして位置付けることにしたのです。ＭＲＩの検査機器全体にペインティングを施して、まるでディズニーランドのアトラクションのように仕立てたのです。

海賊船に見立てられたＭＲＩには巨大な舵輪が描かれており、海賊船に乗って大海原を冒険するような気分にしてくれます。そうすることで、被験者である子どもの気持ちを、不安なものからわくわくする体験へと変化させたのです。また、この船旅が終わると、部屋の反対側にある海賊の宝箱から、財宝を持ち帰る演出も施されているそうです。

この結果、検査前に鎮静剤を打つ子供の割合が大幅に減り、１日にＭＲＩができる患者の数が増えたといいます。まさに、患者にとってもＭＲＩマシンメーカーにとっても、病院にとってもよい結果、三方よしとなったのです。

この他にも、デザイン思考によって改善や工夫が図られた例はいくつもあります。**ただし、デザイン思考による施策の大前提は、既存のサービスやプロダクトが存在することです。つまり、目の前にある「課題」から始まるのです。デザイン思考は、課題を解決するためのソリューションのツールなのです。**

昨今、イノベーションを起こしたり新規事業を生み出すツールとしてデザイン思考が喧伝されています。デザイン思考は1を2にしたり、2を3にしたりするためのものとしてはとても有用なツールです。しかしながら、ゼロからイチを創り出す思考かというと決してそうではありません。

本章で紹介したデザインの事例を思い出してみてください。ルイ・ヴィトンのモノグラムは日本の家紋を参考にでき上がったものですし、1964年の東京オリンピックの赤は豊臣秀吉のちゃんちゃんこの色でした。

デザインとは、常に課題から出発して、課題解決のための目標設定をし、目標を達成するために過去の事例や頭の中にある引き出しから解決につながりそうなネタを引き出し、組み合わせることなのです。

▽アート＝ゼロイチ

世界をあっと言わせた画期的な製品やサービスの中に、インタビューを重ねたり、市場調査を経た綿密なマーケティング活動から生まれたものは果たしてあったのでしょうか？

おそらく皆無でしょう。

たとえば、パーソナルコンピューター。コンピューターが大型汎用機のみの時代に、「個人で使えるコンピューターがあったらよいと思いますか？」というアンケートは、今で言うところの「個人所有の宇宙船があったらほしいですか？」「いくらなら宇宙船を買いますか？」と聞くようなものです。

iPhoneが登場したときですらそうでした。当時マイクロソフトのCEOだったスティーブ・バルマーは、「スティーブ・ジョブズは大きな過ちを犯してしまった。キーボードがなく、しかもサイズが大きく、そのうえ500ドル（当時のレートで約6万円）

もする電話なんて」とさんざんなコメントをジャーナリストに向かって放っていました。このマイクロソフトCEOの発言とは裏腹に、みなさんもご存じのようにiPhoneは爆発的にヒットしました。また、iPhoneによってスマートフォンという新たなジャンルが確立しました。

携帯電話が抱える課題に対するソリューションという側面から見ると、iPhoneは決してよいプロダクトとは言えません。価格は高いですし（当時、携帯電話はタダ同然で配られていました）、大きいですし、キーボードも付いていません（当時、ブラックベリーというキーボード付きの携帯電話がビジネスシーンでよく使用されていました）。スティーブ・バルマーの発言は、至極当然、正しく常識的でした。

そう、iPhoneは既存の携帯電話の課題を解決してできたのではなく、新たな価値の創造だったのです。

１９８４年にスティーブ・ジョブズが未来の電話として描いていたMAC PHONEが20年越しで現実化したのです。描いていた夢を実現した行為は、まさに「アート」。

繰り返しになりますが、アートとは「作り手であるアーティストが自分の中にある思考を表現するもの、または表現の行為」です。だからこそ、ゼロからイチを生み出すことができるのです。

求められるゼロイチ人材

▽ クリエイティブクラスの出現

みなさん、クリエイティブクラスという言葉をご存じでしょうか？　これは、リチャード・フロリダ（トロント大学ロットマン・スクール・オブ・マネジメント教授）が著書『クリエイティブ資本論』（リチャード・フロリダ著、ダイヤモンド社）にて記している階層のことです。

クリエイティブクラスを簡潔に言い表すと「意義のある新しい形態を作り出す仕事に従事している人々」です。クリエイティブクラスは大きく2つの階層「スーパー・クリエイティブ・コア」「クリエイティブ・プロフェッショナル」に分かれています。

「スーパー・クリエイティブ・コア」は、社会や実用に転換ができるような幅広く役に立つ新たな形式や価値を生み出す職種です。具体的には、科学者・技術者、詩人、小説家、芸術家、建築家、エンターテイナーなどです。

そして、彼ら「スーパー・クリエイティブ・コア」の周りに「クリエイティブ・プロフェッショナル」が位置しています。彼らはハイテク、法律、医療、企業経営など知識集約型産業で働く人々です。

クリエイティブクラスの人々には、自分の裁量で考え、判断力を駆使し、問題解決に加えて問題そのものの発見も求められます。**クリエイティブクラスには、独創性を発揮して、新たな価値を創造することが求められているのです。**

クリエイティブクラスはごく限られた一部の人々のことだと考えられがちですが、この階層は着実に増えてきています。アメリカでは、クリエイティブクラスをなす、技術者、専門職、経営者は、1946年時点で全労働人口の15%でしたが、1980年代には20%となり、2000年に入ると33%、全労働人口の3分の1にまできています。

▽アート人材とデザイナー人材

ここで、クリエイティブの志向性に関するおもしろいエピソードを紹介しましょう。

日本で唯一の国立の芸術系大学である東京藝術大学の美術学部には、7つの学科があります。油絵科（正式には絵画科という）、デザイン科、彫刻科、工芸科、建築科、芸術学科、先端芸術表現科です。

当たり前のことながら、画家を目指す人（アート人材）は油絵科に入り、デザイナーを目指す人（デザイナー人材）はデザイン科に入学します。ところが、画家を目指して油絵科に入学したものの、自分が画家に向いていないことに気づいてしまう人が必ず何人か出てきます。

どういうことかというと、他の同級生に比べ、自らの内に秘める想いを表現したい衝動が弱い、あるいは、そういった衝動がそもそも自分の中にないことに気づくのです。このような油絵科の学生は、当然のことながら苦悩多き学生時代を過ごし、大いに悩みます。そして、多くの場合、自身のスキルを活かしつつ、就職することを決意します。自らがアート人材ではないことを認め、デザイナー人材としてのキャリアを選ぶのです（ちなみに、東京藝大の中でもっとも就職しない人の率が高いのがこの油絵科であり、もっとも就職率が高いのがデザイン科です）。就職のために、大学の本科以外のイラストレーションやアニメーションの専門学校に通う人もいます。

最終的には、デザイン科の多くの学生が就職先として選ぶような広告会社や映像制作会社、あるいはメーカーのクリエイティブ職などへ就職します。

おもしろいことに、油絵科を卒業したデザイナー人材のほうが、若くしてデザインや広告の賞を受賞する確率が高いのです。それはおそらく、一旦はアーティストを目指して入学したもののアーティストに向いていないと気づいて以来、常に客観的な立場でクリエイション（制作）に携わるようになったからでしょう。

つまり、アートを求め、アーティストを志望しながらも自らアートに向いていないことを自覚した人たちは、クライアントワーク、すなわち、依頼者の課題を解決する仕事に大きな力を発揮するのです。

さて、昨今、イノベーションの必要性が繰り返し唱えられています。デザイナー人材が得意とする、1を2にしたり、2を3、4、5にしたり、10を10のままできうる限り継続したり、既存の課題を解決したりすることももちろん大切で重要なことです。これがないとわたしたちを取り巻く安全、安心は維持されません。しかしながら、わたしたちを取り巻く環境は日々、変化しています。次世代のスタンダードとなりうる「ゼロ→イチ」を創造する人材が待たれていることとは間違いないでしょう。

第4章

アートのベースにはロジックがある

第2章と第3章で、感性で問題提起・価値の創造をするのがアートであること、そして、アートがサイエンス、テクノロジー、デザインと密につながっていることをご紹介しました。これはすなわち、アートは感性や感覚のみで成立しているものではない、ということです。しかしながら、感性や感覚的な一面しか一般には認知されていません。ここでは、岡本太郎とゴッホ、2人の巨匠を例に、彼らが感性や思いつきのみで描いていたわけではないこと、その背後には確たるロジックがあったことを述べていきたいと思います。

ロジックと感性の融合で描いていた2人の巨匠

▽岡本太郎は芸術を爆発させるためのロジックを持っていた

かの有名な岡本太郎の言葉「芸術は爆発だ！」は、感性や感覚を表す象徴的な言葉と捉えられています。**しかしながら、「爆発」するためには、「爆発」させるための機構がなければなりません。火薬がなければなりませんし、火薬を爆発させるための装置や内燃機関も必要です。**

岡本太郎にとってそれは、哲学でした。岡本太郎が東京美術学校（現在の東京藝術大学）を中退してパリに留学した際、すぐにパリの美術学校に行くのではなく、まずはパリ大学の哲学科に入学しました。その国の哲学を理解しなければ芸術など学べないと感じたからです。

はたして、感性や感覚のみで芸術活動をしている人が、自らその地の哲学を学ぼうとするでしょうか？　また、岡本太郎は何作かの著作を残していますが、どれもみな、とても論理的に書かれています。

もちろん、至極当たり前のことではありますが、非常に優れた感性・感覚を持つ人でもありました。

わたしの父（故人・洋画家）は、生前に岡本太郎と交流がありました。当時、岡本太郎はスキーが趣味であり、スキーに一緒に行った際に、転ぶと必ず言う一言があったそうです。

それは、「俺は転んでないぞ、地球が俺に転んだのだ！」というものです。なんというユニークな感性でしょうか。わたしの父は、このエピソードを繰り返しては、「岡本太郎はどんなときでも岡本太郎なのだ」と話していました。

このように、岡本太郎は論理と感性を併せ持っているのですが、ほとんどの方が岡本太郎の超感覚的な一面しかご存じないのです。

少し話がずれますが、わたしの父が岡本太郎と出会ったのは父が美大生の頃でした。学園祭の実行委員をしていた父は、アポなしでアトリエを訪れ、講演の依頼をしたのだそうです（当時は個人情報保護などない時代だったので、アトリエの住所が電話帳に記載されていたそうです）。

アトリエ入口のベルを鳴らすと、絵筆を握った岡本太郎が出てきました。美大生だということを伝えると、アトリエに招き入れられたそうです。そして、講演の依頼に対して、入っていた予定をすべてキャンセルして即答で引き受けてくれたと言います。

後日、なぜわざわざ入っていた予定をキャンセルしてまで講演を引き受けたのかを聞いたところ、こう答えたそうです。

「絵描きが未来の画家のために話をするのは何よりも大切なことだ。それ以上に大切なことはわたしにはない。そうだろ？」

さすが岡本太郎です。**彼には感性、ロジックに加えてパッションがあふれ出ています。**

―爆発には下絵があった―

岡本太郎の絵をご覧になると、センスとパッションにあふれる絵筆を真っ白なキャンバスに思うがままに振り落としているように感じるかもしれませんが、実際はまったくそうではありません。

岡本太郎はまず、実際に描こうとしている絵を縮小した綿密なエスキース（下絵）を作っていました。大きなキャンバスに描く際には、このエスキースを手元に置き、これを拡大して描いていたのです。

つまり、真っ白い大きなキャンバスに感じるままに感覚と感性のみで描いてはいなかったのです。

岡本太郎の言葉に、次のようなものがあります。

「すべては衝動から始まる、優れた衝動は後から計算が追いかけてくれる」

これは、閃きやアイデアが単なる思いつきではないことを示しています。

▽ 炎の画家ゴッホは、CGのように描く

日本人に大人気の画家ゴッホは、その衝動的にも見える筆致（タッチ）から、炎の

画家と呼ばれることがあります。誰が見てもすぐゴッホだと分かる特徴的な筆致と色使いはもちろんですが、波乱万丈な人生もまた、彼を「炎の画家」と呼ばせています。

ゴッホの絵は、魂が感じるままに衝動的に描かれているように思われますが、岡本太郎がそうだったように、実はとても論理的、かつ、冷静に描かれたものなのです。

わたしの講座の講師陣の一人であり、長年、東京藝大の油画技法材料研究室というところで絵を描くためのテクニックと絵の具の研究開発をしていた画家は、「ゴッホの絵は勢いに任せて描かれたものではなく、むしろ、他の同時代の画家たちと比べても極めてロジカルに描かれたものだ」と言い、その特徴を以下のように分析しています。

─1─じっくりと時間をかけた混色─

混色とは色を混ぜ合わせて画家自身が表現したい色を作っていく作業です。色相環と呼ばれるカラーロジックに基づいて色を作り出します。

簡単に説明をすると、色にはシアン、マゼンタ、イエローの3原色があり、これら

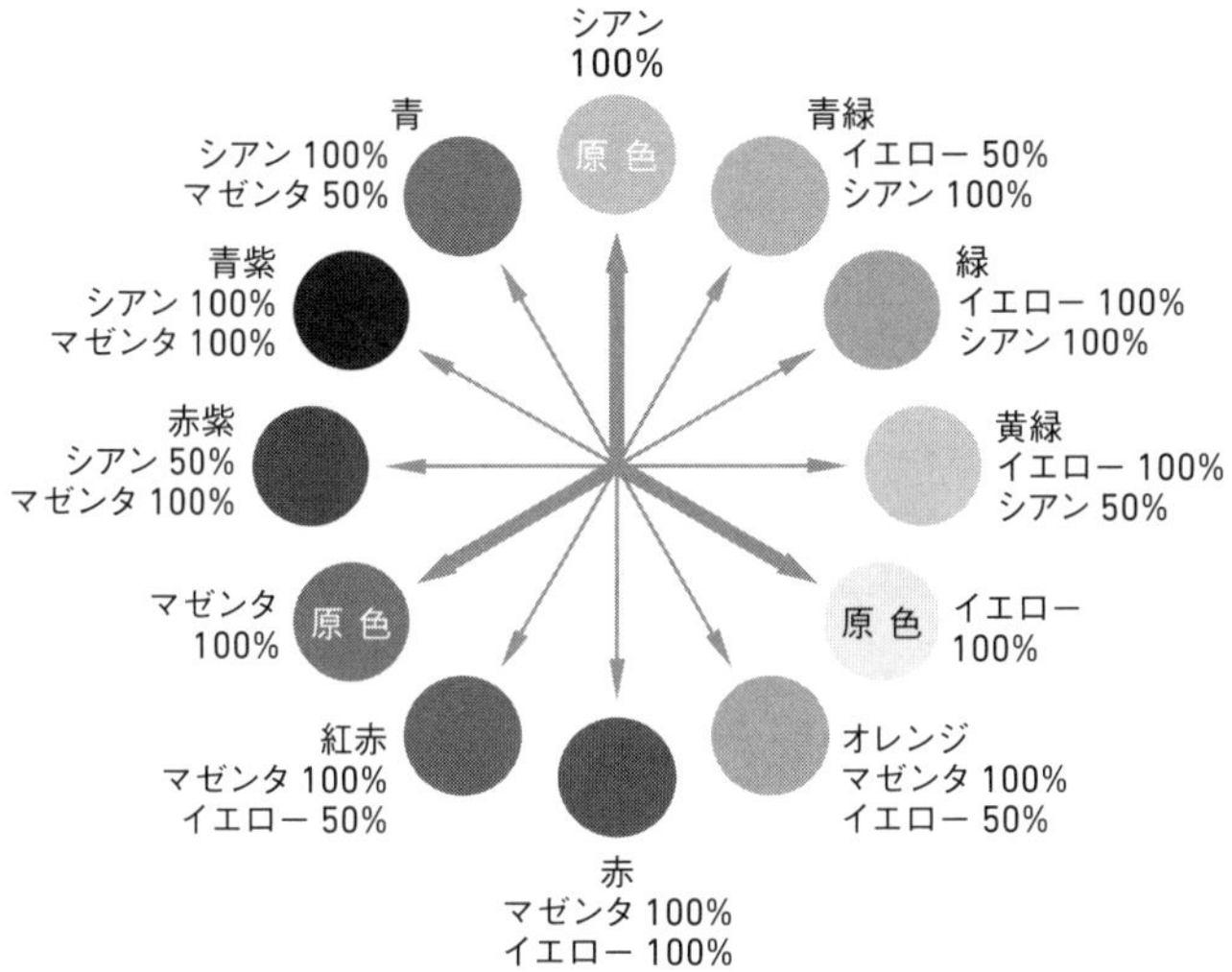

シアン、マゼンタ、イエローを原色とした色相環

を混ぜ合わせて色を作っていきます。たとえば、シアンとイエローをそれぞれ100％混ぜると緑を作ることができます。シアンとマゼンタをそれぞれ100％混ぜると青紫を作ることができます。

現代の画家たちは、カラーロジックに基づいて絵の具を混ぜ、色を作り出し、絵を描いていきます。

代表作である「ひまわり」「夜のカフェテラス」をはじめ、ゴッホの絵には多くのイエローが出てきます。絵をよく見ると、同じイエローでも茶色がかったイエローや緑がかったイエローなど、微妙

ヴィンセント・ファン・ゴッホ「カラスのいる麦畑」1890年

にトーン（色調）を変化させたさまざまな種類のイエローを見てとることができます。

彼は、頭の中にインプットされている色相環のロジックに基づき、イエローをはじめとした何種類もの色を描く前に丁寧に混色をし、自分の色を作り上げていたのです。

2 色を置くように描く

炎の画家と呼ばれているからでしょうか、ゴッホには感性のおもむくままに勢いで描いているイメージがつきまといます。しかし実際は、丁寧に混色した色を、一つずつ置くようにして描いています。

図は、1890年に描かれた「カラスのいる麦畑」です。すべての筆致は短い線の集合体で構成されています。決して描き殴っているような乱暴なタッチはありません。短いタッチの集合体が合わさってうねるような迫力が出てくる表現こそ、ゴッホの真骨頂ではないでしょうか。

3 PDCAを回して制作

先にあげた2点からもお分かりいただけるかと思いますが、ゴッホは決して感情に押し流されることなく、極めて冷静に描いていたのです。**ゴッホの作画プロセスは、明確なPDCAに則っていました。**

PLAN――モチーフ（描く対象）を決定する。ゴッホは生涯にわたり、空想上のものを描くことがありませんでした。現実にある静物や風景をモチーフとしていたので、明確な計画をもとに自身の完成イメージに基づいて構図やキーカラー（メインとなる色）を決めていました。

DO――先に述べたように、描く前に用意周到に何種類もの色を作り（綿密な事前準備をし）、キャンバスに絵の具を置くようにして描いていました。

CHECK――色を何層にも重ねて描く厚塗りがゴッホの絵の特徴です。油絵の具は乾くまで時間がかかるので（当時の絵の具で1日程度）、乾いた段階で絵を客観視し、完成イメージをもとに次に重ねていく色を冷静に考えていました。

ACTION――再び混色し、何種類もの色を作ったうえで再び創作活動に入ります。

ゴッホは、このPDCAを何周も回して絵を完成させていったのです。

絵画とは対照的なゴッホの生涯

生前のゴッホが当時、唯一の理解者であった弟のテオに宛てた手紙をまとめた『ファン・ゴッホの手紙』（ヴィンセント・ファン・ゴッホ著、みすず書房）という書籍があります。その中で、色彩についてこう語られています。

色彩はそれ自体で何かを表現する（こいつを欠かすことはできないし、こいつを利用せねばならない）。美しくするものは実際に美しいし、また正しくもある。【中略】

この背景は色彩の計算からひとりでに、自発的に生まれ出てきただけに実に美しい。こうした考えは誤っているかな。

ヴィンセント・ファン・ゴッホ

ここからも、色彩をとことんまで研究し、鑑賞者がどのように感じ得るのかを冷静に計算していたことがうかがえます。

また、ゴッホの絵がたびたび映像化されていることも注目すべきこととして挙げられます。最近では2017年の映画「ゴッホ・最期の手紙」でもいくつかの作品がアニメーション化されました。

しばしば映像化されるもっとも大きな理由は、ゴッホの絵がロジカルに階層化されて描かれているために、デジタル分解しやすいという特徴によります。

このように緻密に設計されながらも、ゴッホの絵は生前ほとんど売れなかったことが知られています。これは、作品が評価されなかったというわけではなく、ゴッホの性格が影響していたようです。

実は、当時の画商の何人かはゴッホの才能を見出しており、彼の絵をセールスしようとゴッホに持ちかけていたのです。しかしながら、画商が提示した絵の価格が当時親しくしていた同時代の画家たちよりも低かったため、プライドの高いゴッホは画商に対し自身の絵を委託し販売することをやめたのです。

ちなみに、今もって続く絵画販売の慣例として、絵の値段は作品を重ねるごとに上がり続けます。ゴッホも画商の値付けに従って絵を預けていたならば、徐々に絵の値段も上がっていったはずです。自分の置かれた立場を理解できずに理想の自分とのギャップを理解できず、独りよがりになっていたのです。この点においてはゴッホも、ロジカルではなかったようです。

最後におもしろいエピソードを紹介いたします。

前出の画家が以前、CF制作会社から次のような相談を受けたそうなのです。

「ゴッホがパレットに絵の具を勢いよく出して、キャンバスに殴りつけるように描いているコマーシャル映像を撮りたいので、ゴッホの感情的な筆さばきについての参考意見がほしい」

事実はその真逆であり、そのことを伝えたところ、大変困ってしまったそうです。

アートは後天的に身につけられるものなのか？

▽東京藝大の現役合格者は数学が得意

岡本太郎とゴッホのエピソードを通して、美の巨匠たちが感性のみに任せて絵を描いていたわけではないことがお分かりいただけたことと思います。

ところで、本書を読まれているほとんどの方は、高校生の頃、美大進学など考えたこともないのではないでしょうか？　美大を受験した同級生も学年に数人いたかどうか、という状況だったことでしょう。

美大に入るような特別な能力は、どのようにしたら身につけられるのでしょうか？

ここで、そのことについて考えてみたいと思います。

日本で最難関の芸術系大学・東京藝術大学（通称、藝大）。美術学部の定員数は全部で234人ととても少なく、学科ごとに見ていくと、もっとも定員数が多い油絵科でさえも定員が55人と、狭き門です。ちなみに、2018年の油絵科の倍率は18・7倍でした（東京藝術大学のウェブサイトより）。

巻では、合格するにあたって、2浪3浪は当たり前とも言われています。わたしは以前、8浪を経て見事合格を果たした人とお会いしたことがあります。8浪、つまり、小学校1年生から中学校3年生までと同じ期間を受験勉強に費やしていたのです。その情熱とモチベーションが9年も続いたことに、尊敬の念を覚えざるを得ません。

東京藝術大学には、芸術の才に長け、芸術の神に愛されている人のみしか入学が許されないと多くの方が思っていることでしょう。ましてや現役合格など……（具体的な現役合格比率は公表されていませんが、現役合格者は3割程度と言われています）。

ここに、数少ない現役合格生に共通している興味深い事実があります。
それは「中学から高校にかけて数学が得意だった」ということです。

また、東京藝術大学の油絵科には何年かに1人の割合でシニアの方の合格者がいるのですが、そういった方々のほとんどが、元理系のエンジニアなのだそうです。
これらの事実は、アートが感性だけに基づくものではないこと、そればかりか、アートのベースにロジックがあることを物語っています。

▽デッサンはロジックである

東京藝大に限らず、日本の美術系大学の入試で必ず課される科目があります。それは、デッサンです（実技を必要としない芸術学を専攻する学部、学科については、デッサンを求めないこともあります）。これは、アートの基礎がデッサンであるという事実によります。

では、デッサンには一体どのような能力が求められるのでしょうか？

東京藝術大学に現役合格をした複数人のOBの話によると、デッサンを描くにあたってもっとも重要となるのは、図形的にものごとを捉える論理的な思考能力（ロジック）だと言います。しかしながら、このことに気づく人はごく少数であり、美大受験の予備校においても図形的に捉えるような指導はありません。先のOBたちは、どなたも自らこのことに気づいたのだそうです。

ここで、そのことに気づき、戦略的に藝大に合格した変わり種の知り合いのエピソードを紹介しましょう。

ロジックをベースに絵を描き、2年で藝大に合格

くだんの変わり種の知り合いは、文学部で美術史を専攻し、卒業の際に美術の史実のみを学んでいたことに気づき、実践を身につけなければならないと強く感じ、藝大受験を決意しました。

美大を目指す人々の多くは、幼少の頃から絵を描くことが三度の飯より大好きで、絵の才能があると言われ続け、何年もの鍛錬を重ねた人々ばかりです。ところが、彼が本格的なデッサンを開始したのは大学卒業後のこと。

ライバルとのギャップを埋めるためには、入試を突破できる絵を描く力を、効率よく身につけていく必要があります。そのための方法を考える中で彼がたどり着いたのが、藝大ＯＢたちが語っていた、ものごとを図形的に捉える論理力を磨くことでした。

元来数学が得意であった彼は、図形的な思考法を使ったロジックを編み出し、理論構築と実践練習を繰り返せば必ず合格できると確信し、実行に移しました。その結果、わずか2年で、東京藝大の油絵科に合格したのです。

デッサンを始めたばかりの頃は美術予備校にも通っていたそうなのですが、予備校の講師陣が感性に頼りすぎた指導をするので通うのをやめ、ロジックに基づいた独自の方法で練習を重ねたそうです。

同様のエピソードは他にもあります。

わたしの講座の講師を一時期お願いしていた藝大油絵科OBの女性アーティストの弟さんは、高校三年生まで理系進学コースに在籍していました。しかし、その後姉の後を追うように藝大進学を目指し、文転ならぬ美転をしました。彼も、本格的に絵を描き始めてから2年で、見事藝大の彫刻科（入学定員20人）に合格を果たしました。

わたしたちが勝手に思い込んでいる「絵の天才」のみしか合格できないという「常識」からすると、絵を始めてから2年で、しかも、美術とは遠い分野にいた人たちが最難関の美術大学に合格したというのは驚くべきことです。

このことは、美大に入るのに求められる能力が後天的に身につけられること、そして、その基礎にはロジックがあることを示していると言えるでしょう。

―ロジックという土台の上で感性が花開く―

とある年の東京藝大の試験は、受験生に数行の文章が渡され、その文章を自分なりに解釈し、絵で表現をする、というものでした。

これはまさに、言語で論理的に表現された文章をビジュアル表現に変換する力を試すものです。感性を絵筆に込める前に、文章をきちんとロジカルに読み取ることが求められます。

また別の年には、上野の動物園にいる生き物を描くという実技試験がありました。合格者の多くは動物園で飼育されている動物を描いたのですが（とは言っても合格者はわずか55人ですが）、動物園のベンチで寝転んでいる中年の男性を描いて合格した者もいました。この合格者は、「人間も上野動物園にいる生き物の中の一つである」という彼なりの論理に基づき絵を描き、彼の感性を示したのです。

この2つの試験問題は、論理（ロジック）と、アートが持つ直観・感性の双方を問うものです。つまり、自身の持つ論理力（この場合は意味を読解する力）の土台の上で、自身の感性による価値あるアウトプットができるかが問われたのです。

ロジックに基づく思考で対象を捉え、頭のエンジンを回し、直観と感性の融合によって絵を完成させる力が必要だということを、如実に物語っています。

結局のところ、デッサンは、論理と感性を融合させるための基礎活動なのです。

デッサンは、サッカーに喩えるなら、ドリブルやリフティング、パス回しに相当するのかもしれません。先日、テレビで元日本代表監督の岡田武史やラモス瑠偉、木村和司など往年の元日本代表選手のトーク番組がありました。

それによると、日本サッカー躍進の礎を作った初の外国人監督であるハンス・オフト（日本代表監督1992―1993）がもっとも重視したのはパス回しだったそうです。当時の日本代表メンバーは、「なんで俺たちに延々とパス回しをやらせるんだ」と、怒る人も少なくなかったそうです。

しかしながら、この基礎練習を重ねていくに従って、日本代表はどんどん実力をつけ、初のアジアチャンピオンとなったのです（悲しいかな、ワールドカップには最終予選で破れてしまい、初出場とはなりませんでした）。

当時、この躍進はオフトマジックと呼ばれていました。

スポーツでもアートでも、基礎はとても重要です。

話を戻すと、アートの基礎であるデッサンを学ぶことは、ロジックを学ぶことでもある。そして、感性というのはこの基礎の上で発揮されるものである、というのがここでお伝えしたかったことです。

感性とロジックは、いわばコインの表と裏の関係にあります。

しかしながら、小学校や中学校の美術や図工の時間は、感性と感覚のみが支配していたはずです。

次節では、日本とヨーロッパ、アメリカの美術教育について述べていきたいと思います。わたしには、この美術教育の差が、日本でイノベーションが起きづらい根源であるように思えてなりません。

思うがままに描くのは美術教育ではない

▽日本のエリートに多い「美術以外はオール5」

数十年も昔のことという方もいるかもしれませんが、写生の授業を思い出してみてください。学校指定の12色の絵の具、筆、パレットと絵の具を洗うためのバケツ、そして、スケッチブックの5点セットを用意すると、美術の先生から、絵を描く場所（たとえば学校の校舎内であったり、近くの大きな公園であったり）の指定と、締め切りが伝えられます。

おそらく、先生からの指示は、「好きな色の絵の具を使って自由に思うがままに描いてみましょう」というもの。

生徒たちは、ほとんど先生から指導を受けることなく、自分の感性のおもむくままに作品を完成させることになります。そして、感じたままに自由に描いてみましょうという指示の通り絵を完成させたら、明確な判断基準もないまま、上手い下手の判断

が下され、点数をつけられる……。

多少の誇張はあるかもしれませんが、日本の美術の時間は、おおよそこのような使われ方をします。これは、はなはだ理不尽なことではないでしょうか？

わたしの記憶によると、秀才と言われた人ほど絵が不得手な傾向があったような気がします。感性とロジックの関係をわたしなりに整理した後でこのことを振り返ってみると、秀才たちは、絵を描くために必要な論理力が高いにもかかわらずそれを封印された挙げ句、感性・感覚だけで絵を描くことを要求され、思考が窮屈になってしまったのだと思います。

その結果、美術に対する苦手意識が芽生えてしまったのでしょう。**紛れもない事実として、美術以外はオール5だったという方がわたしの講座にも多くいらっしゃいます。これは、教育によって生み出されたものではないかとわたしは考えています。**

▽海外の美術教育は、こんなにもロジカル

海外の美術教育は、もちろん国ごとに違いがありますが、それぞれ明確な目的とそれを実現するためのメソッドに基づいています。ヨーロッパ（北欧・ドイツ・イギリス）とアメリカを具体例にご紹介していきます。

北欧にはなぜデザイン国家が集うのか？

デザインの国が集う北欧。陶器のロイヤルコペンハーゲン（デンマーク）、玩具のレゴ（デンマーク）、食器メーカーのイッタラ（フィンランド）、インテリアのイケア（スウェーデン）、ファッションのＨ＆Ｍ（スウェーデン）、スポーツアパレルメーカーのヘリーハンセン（ノルウェー）など、どの企業の製品もお洒落で洗練されたイメージがあります。

北欧諸国を訪れた人はみな、口を揃えて、どこの国も街そのものがデザインされている、特に、色彩感覚がとても洗練されていると言います。

優れたデザインを備えたプロダクトを生み出す北欧諸国の美術教育は、物心つかない幼児の頃からのセンスのインプットに始まります。

たとえば、117ページで取り上げた色相環（カラーロジック）に基づいて、クレヨンを毎回2色ずつ与えていく、といったことが行われます。相性のよい落ち着いた印象を与える色の組み合わせや、印象に強く残る色の組み合わせなど、あえて選択の余地なく与えていきお絵描きをさせるのです。日本のように12色の絵の具を用意して、自由に描かせることはありません。

色相環に基づく2色の組み合わせが一通り終わると、次は3色に増やしていきます。そして、それが終わると4、5、6色と増やしていくのです。そうすることで、無意識のうちに色の組み合わせを学ばせるのです。つまり、頭が真っ白な状態の子供たちに良質な情報をインプットし、色彩センスを養っていくのです。

幼児期に良質なインプットが与えられることで、色彩センスの高い国民が形成されます。北欧のプロダクトはセンスがよいと言われるルーツは、小さい頃からの美術教育にあると言っても過言ではありません。

目利きを育てるドイツ

ドイツの美術教育は、目を養うところから始まります。美術の時間には、美術館巡りを繰り返すのです。**数々の名画に幼少の頃より触れることによって、脳に良質なインプットを与えるためです。**

美術館巡りを繰り返す中で、絵を描きたくなる生徒が出てきます。そういった生徒には絵筆を与え、絵画指導をしていきます。もちろん、全員が絵を描きたくなるわけではありません。ここでは、子供たちの自主性が尊重されます。

日本のように全員に絵を描かせることはありませんが、絵を描きたい子供にはメソッドに則りきっちりと段階を踏んで教えていきます。絵を描くことに興味が向かない子供は、たとえば美術学の道へと誘います。

描きたい子供には絵を描かせ、描くことに興味の湧かない子供はアカデミックな道に誘うのです。つまり、自らが主体的にアートに向き合えるように誘っていくのです。

鑑賞と実践を繰り返すイギリス

イギリスの美術教育は、絵を観て自身がどう感じたかを語り合うところから始まります。まずは、自身の直観や感性で感じたことを具体的に言語化します。その後、基礎的なトレーニングを繰り返します。たとえば、ひたすら丸を描いたり、モチーフの影をスケッチブックに何ページも描いたりします。日本のように、感性のおもむくままに自由に描かせることからは、決して始まりません。

いまだに階級意識が根強く残っている国だからでしょうか、ワーキングクラスが多いエリアでは、美術や音楽教育にはあまり力点が置かれていません。**地域差がかなりあるというのもイギリスの美術教育の特徴です。**

多くの場合、小学校までは必修ですが、中学校以降は選択制になります。中学校でアートを選択すると、絵画、陶芸、テキスタイル、映像、現代アートなど、アートのさまざまなジャンルの授業を選択していき、ジャンルごとの専門家から指導を受けます。

義務教育段階では基礎的なトレーニングのみを行い、その後個人の興味がある分野をより深く学んでいくのです。そして、さらに深く学びたい生徒が美大を志します。

―アメリカの合理的美術教育―

アルブレヒト・デューラー「裸婦を描く素描家」1525年

アメリカの美術教育は、他のどの国よりも合理的です。感性や感覚を一切排除し、モチーフを模写するスキルから教えます。

ファーストステップは、円柱や四角い箱を、遠近法の理論に基づいて描いていくことです。モチーフの前に4から12ほどの四角いマス目の入ったスケールを置き、それを通して描く対象をマス目ごとに分解し、構造的に描いていきます。

図は、ルネサンス期の画家であるデューラーが数学的遠近法をもとに絵を描いている様子の版画です。これはまさに、アメリカの美術教育における描き方と同じです。

日本のふつうの学校でこのような描き方をすることはまずありませんが、美大受験を目指す生徒のための受験予備校や、美術コースのある学校ではこのような描き方が教えられています。

北欧諸国、ドイツ、イギリス、アメリカの美術教育を紹介させていただきました。これらは、海外への留学経験がある画家やデザイナーからのヒアリングに基づいたものですので、それぞれ地域や州によって教え方の差があることに留意していただければと思います。

海外諸国の美術教育の共通点は、感性や感覚のみに頼ったものではないことと、美術教育それ自体が独立したものではなく、さまざまな学問と結びついていることです。

▽アップデートされないままの日本の美術教育

なぜ、日本の美術教育はここまでエモーショナルなのでしょうか？　そこには根深い歴史的な要因があります。

明治維新から28年後の１８９６年に、東京美術学校（現在の東京藝術大学美術学部）に西洋画科（現在の油絵科）が新設され、西洋画が興隆します。教官は、後期印象派の影響を大きく受けたヨーロッパ帰りの画家たちが務めました。

当時の最先端の表現をする集団である後期印象派の影響を受けたヨーロッパ帰りの教官たちは、自分たちが感じたままに自由に描くという印象派の影響を強く受けた絵画教育を行いました。**この、印象派に強く影響を受けた思考が、120年以上経った今でもアップデートされずに残ってしまっているのです。**

しかしながら、ゴッホの例でも取り上げたように、印象派の画家たちも当時の東京美術学校の教官たちも、アートのベースにロジックがあることは十分に知っていたはずです。**それにもかかわらず、感じたままに自由に描くこと、すなわち、感性の部分のみがカットアンドペーストされ、文脈を離れて独り歩きしてしまっているのです。**

岡本太郎が感性とロジックを往復しながら作品を創っていたように、ゴッホが色相環（カラーロジック）に基づいて色作りをしていたように、本来、アートのベースにはロジックがあります。感性とロジックが相互に関連し合うことによって、本来のアートが持つ意味やその力を十分に発揮できるのです。にもかかわらず、断片的な部分だけを持ってきてその教育を行うのは、未来を担う子供たちにとってとても可哀想なことです。

第 5 章

アートに見るイノベーションの要素

最近至るところで耳にする「イノベーション」。不確実性の時代と呼ばれる昨今、その必要性が叫ばれながらも、それが一体何を指すものか、どのように実践するものなのか、明確に語られることはほとんどありません。本章では、みなさんがよく知っているアートのジャンルが生まれた背景やアーティストにスポットを当て、アートが持つイノベーティブな側面をご紹介することで、多少なりともその点を明らかにしていきたいと思います。

イノベーションとは？

一般的な理解としては「革新的な製品やサービスを生み出す新たな価値の創造」がイノベーションではないでしょうか。ピーター・ドラッカーも、「イノベーションは思考と想像をもとに作り上げられる。つまり、違う発想や新しいものが生まれるという意味だ」と語っています。

また、一橋大学大学院経営管理研究科教授の楠木建の著書『経営センスの論理』（楠木建著、新潮新書）によると、イノベーションとは、単に「新しいことをやる」のではなく、「思いつくか思いつかないか」の問題であることが多く、イノベーションの本質は「非連続性」にあると述べています。

そして、イノベーションを推進し広く世の中に浸透させていくためには「ストーリー」も重要です。

「新たな価値の創造」「思いつくかどうか」「非連続性」、これらを広めていくための「ストーリー」。アーティストは、まさにこれらを日々実践しています。アートの歴史はイノベーションの歴史なのです。アートを事例に、イノベーションの要素を紐解いていきましょう。

新たな価値を創造した印象派

本書の中にたびたび登場している「印象派」ですが、何度も出てくるのには理由があります。印象派は、美術の歴史においてエポックメイキングな存在なのです。ここで改めて、彼らのイノベーティブな側面にフォーカスを当てたいと思います。

印象派が登場するまでは、対象を写実的に、そして、当時のクライアントである王族や貴族が満足するように描くことがプロの画家たちに求められるミッションでした。**そのため、印象派の画家たちが、「自分が感じたこと、思ったことを、作品を通じて自己表現する」ことをプロとして初めて公にしたことは、表現の革新だったのです。**つまり、これまでの人たちとは違う発想で新しい表現をしたのです。

彼らが成し遂げたことはこれだけではありません。

今まで存在していなかったコミュニティをボトムアップで自ら立ち上げるというこ

とも始めています。

それまで、画家たちが作品を発表する場は、王立の美術アカデミーが主催するサロン（官展）しかありませんでした。当時、このサロンに所属していなければ作品の発表も、絵の販売もできませんでした。顧客が王族や貴族だったため、このサロンに属さないとプロ、つまり、絵を販売して生計を立てる資格がなかったのです。

印象派の画家たちは、当時の美術アカデミーの基準から大きく外れていたため、サロンの審査を通ることなど無理でした。そこで彼らは、自らコミュニティを形成し、史上初めてグループでの展覧会を開催したのです。

今では、所属企業の枠を飛び越えて連携を図るオープンイノベーションがさまざまな業界で見受けられますが、150年ほど前に表現のイノベーターたちがコミュニティを形成し、実際に世界初のグループ展を開催した実行力は注目に値します。このグループ展はその後、当時の新興国であったアメリカでも開催され、アメリカ人の実業家たちが高値でその作品を購入するようになりました。印象派の画家たちは結果として、新たなアメリカのマーケットを開拓していったのです。

▽暗闇で描くことを「思いついた」元エンジニアの画家

世界で初めて部屋を真っ暗にして描いた画家、サイ・トゥオンブリーはまさに、思いつかないことを思いついてしまったアーティストです。絵を描く際には、当たり前のことですが、それが抽象画であれ具象画であれ、描く先であるキャンバスやスケッチブックを必ず見ます。プロの画家はもちろんのこと、幼稚園児でさえこのことに疑問を持つ人はいないでしょう。

この、誰もが疑う余地などない当たり前をしないいことを「思いついて」しまい、実践したことは、まさにイノベーションです。

サイ・トゥオンブリーがこのようなことを思いつき実践できたことには、彼の経歴が大きく寄与しています。彼はもともとエンジニアであり、アメリカ陸軍で暗号の解読・開発をしていました。アメリカ陸軍を除隊したのち、アートスクールに進学し画家となりました。

サイ・トゥオンブリーは、絵を描く（表現をする）というのは、自分の意思で描き上げることではなく、暗号電波のように天から舞い降りてきたものを受信し、それをキャンバスに出力することであると定義しました。

そのために、一切の主観が入らない真っ暗な状態を作り、そこで絵を描いたのです。部屋を真っ暗にして描いた絵は、驚くことなかれ、２０１５年に世界的な競売会社サザビーズのオークションで約87億円で落札されました。**一見すると子供の落書きにしか見えないこの絵に数十億の値がついたのは、それまでの当たり前を一切否定し、思いつかないような手段で絵を描く行為そのものを発明したことに対しての価値が評価されたためです。**

また、サイ・トゥオンブリーの作品には、部屋を真っ暗にして描いた作品以外にもさまざまなスタイルのものがあります。たとえば、文字をキャンバスに羅列しただけの作品「VENUS」「APOLLO」。これは、史上初の絵が描かれていない絵画作品です。絵画表現とは絵を描くことである、という「当たり前」を覆したのです。

アートは、表現のイノベーションを実践します。つまり、新たなる価値の創造をします。発明された表現は時とともに広く浸透、普遍化され、課題解決であるデザインのツールやモチーフへと伝搬されていくのです。

アートが思考や表現のジャンプを起こし、ジャンプをした後ろをデザインが追いかけていくのです。ゴルフに喩えると、タイガー・ウッズがゴルフ界に登場した際、その飛距離に多くのプロゴルファーが度肝を抜かれました。しかし、2～3年もするとプロゴルフ界全体の飛距離がどんどん伸びていきました。これは、ゴルフならずとも他のスポーツ、マラソン、100メートル走、体操などでも同じです。

▽絵画の「連続性」を壊したピカソのキュビズム

世界でもっとも有名な画家のうちの1人であるピカソ。彼は、芸術が持つ価値そのものを大きく変革した偉大なアーティストです。しかしながら、彼のどこが革新的なのか、すぐには分からないという方がほとんどではないでしょうか？

ピカソは、キュビズムの発明によって、絵画表現そのものをスクラップアンドビルドしてしまいました。ピカソ以前の絵画は、風景画であっても人物画であっても、対象を再現することを教義としていました。

パブロ・ピカソ「アヴィニョンの娘たち」1907年
(c)Avalon/amanaimages　(c)2018 - Succession Pablo Picasso – BCF (JAPAN)

印象派の画家たちは、「自分が感じたこと、思ったこと」をキャンバスに表現してはいましたが、風景画は遠近法に則っていましたし、人物画も人体の構造を逸脱することは決してありませんでした。

そのような中キュビズムは、今まで誰もが疑いなどしなかった脈々と続く絵画の常識を覆してしまったのです。たとえば人の顔。正面と横顔を同時に見ることはできません。しかしながら、ピカソの抽象画には、正面と横顔が同じ画面上に同時に描かれています。

キュビズムは、今までの視覚の論理を分解・断片化し、再構築するものなのです。

ピカソの人物画（多くは女性）に見られる特徴として、どちらを向いているのかわからない人の絵が多くあります。

ピカソは、「視覚様式の革命」によって絵画そのものを新しい次元に置き換えることで、ルネサンス期に完成された西洋美術の誰もが疑わない根本的な論理そのものを破壊してしまったのです。

すなわち、絵画の連続性を止めてしまったのです。

世界初のキュビズム作品であるピカソの「アヴィニヨンの娘たち」を初めて見た仲間の画家は、「ピカソはそのうちこの大きな絵の後ろで首を吊っているだろう。この試みは絶望的に見える」と語り、画家たちの生活を支える画商からも「狂気の沙汰」と言われてしまいました。

多くの人は、今までにないコトやモノに触れた際、強烈な拒絶反応を起こします。ところが、ピカソがキュビズムを発明して5年もしないうちに、キュビズムは新たな表現手段として絵画をはじめ彫刻や工芸にも影響を与えるようになりました。

大量生産・大量消費という「ストーリー」

ストーリー、あるいは、文脈。こうした言葉を近頃よく耳にするという方も多いでしょう。事業展開やブランドを構築する際には、「モノを作るな、コトを作れ」と言われます。これもまた、ストーリーの重要性を表すものです。

ストーリーによる展開を約60年前に実践した人たちがいます。みなさんご存じのアンディ・ウォーホルをはじめとする、ポップアートを誕生させたアーティストたちです。

それまでのアートは、アーティストたちが感じたことを、自分自身を通して表現する、というものでした。極論すると、周りに流されず、周りを気にせず、ひたすら能動的に自己表現していたのです。

ポップアートは、当時の時代が置かれていた流れを真正面から積極的に吸収し、時代の流れそれ自体を作品に反映させました。ポップアートが興隆した1950年代後半から1960年代は、大量生産・大量消費、そして、マスメディアがそれを扇動する時代でした。

ウォーホルは、大量生産・大量消費社会を作品にストレートに反映させました。たとえば、どこのスーパーにでも売っているスープの缶詰や、当時もっとも人気のあった女優マリリン・モンローのポートレイトなど、それまでのアーティストが見向きもしなかった、いや、一般の人々も単なる消費財としか認識していないものをモチーフに、しかも、シルクスクリーンという技法を使って作品を量産したのです。

それまでの芸術作品は、アーティスト自身が1点1点自ら創り上げていくものでした。ウォーホルは自ら工房を立ち上げ、工房の長となり工員たちに指示を出して作品作りをしました。印象派以降に確立された作品の制作スタイルそのものを変えてしまったのです。

ウォーホルは、大量生産・大量消費社会の概念をアートの場に持ち込み、アートも消費されるモノという自らのストーリーを立て、それを実践しました。ウォーホルの思惑通り、ポップアート以降美術作品の巨大なマーケットができ上がり、アートの持つ資産価値がぐんぐんと上がっていったのです。

「好調なビジネスは、何よりも魅力的な芸術だ（Being good in business is the most

fascinating kind of art.)」

このウォーホルの言葉は、アートをビジネスにした彼ならではのセリフと言えます。

また、ウォーホルが活躍した時代は米ソ冷戦の時代でした。毛沢東の肖像画や当時のソビエトの国旗をモチーフにした数々の作品があります。これらは、現代の戦争画と位置づけられています。

先の世界大戦のときの戦争画のように、勝利の歓喜の様子や、戦闘機や戦艦などが敵に向かって進撃するといった分かりやすいものでは決してありません。しかしながら、毛沢東の顔を赤や紫で塗りたくった肖像画や当時の共産主義のモチーフである鎌とハンマーをポップにおもしろおかしく描いている作品は、敵を嘲笑の対象としてアイコン化しているのです。

「なぜ、毛沢東の顔をギラギラした色で塗りたくっているのか？」

「なぜ、共産主義の象徴であるハンマーを絵本の挿絵のように描いているのか？」

など、観た人に疑問符を投げかける点こそが彼ならではのストーリーなのです。

第 6 章

アートシンキング

アーティストたちは、旧来の発想を覆したり、今まで誰も思いつかなかったことを思いついてみたり、連続性を壊したり、ありふれたものにストーリーを付与することでアートの世界にイノベーションを起こしてきました。彼らの思考法をビジネスに応用することができれば、ビジネスにおいてゼロからイチを創造できます。事実、イノベーティブな商品の誕生の背後には、間違いなく、アートがありました。本章では、その具体例を紹介するとともに、アーティストたちの思考法を身につけるためのメソッドに踏み込んでいきます。

ビジネスの限界を超える思考法

ロジックと感性との絶妙なバランスによって新たな価値を生み出す。これが、アートの持つダイナミズムであり力です。

アーティストたちは、さまざまな制作スタイルで作品を生み出します。コンセプトをガッチリと固めてから作品を創る作家もいれば、直観で飛び、その直観の深層にあるロジックを後から掘り起こす作家もいます。

また、ミケランジェロやアンディ・ウォーホルのように、工房を立ち上げ、コンセプトを考え、スタッフたちを巻き込んでプロジェクトとして作品を完成させていくタイプや、ピカソやゴッホのように1人で作品を完成させていくタイプもいます。岡本太郎は、絵画は自らの手によって完成させていましたが、有名な太陽の塔は、何人ものスタッフを抱え込んで完成させました。このように、両者を使い分けるアーティストもいます。

1人で作るにせよ、プロジェクトで作るにせよ、アーティスト個人の熱狂的なまでの想い、そして、揺るがない意志が新たな価値を創造します。

第2章では便宜的に「感性で問題提起・価値創造」をするのがアートであるとしましたが、第4章で見てきたように、想いや意志を実現するためにはロジックが必要です。

感性だけ、ロジックだけでは、作品を生み出すことはできないのです。現に、わたしが知る限りではありますが、アーティストたちは自分の作品の言語化が必ずできますし、聞くと必ず作品の詳細を語ってくれます。過去の偉大なアーティストたちも必ずやそうであったはずです。

この、感性とロジックの両輪を回していくという、アーティストたちが日々実践している思考法は、アートシンキング（アート思考）と呼ばれ、注目を集めるようになってきています。個々人が持つ、直観力、創造力、感性をフル稼働させ、ロジックと融合させ、それが沸点に達すると、世の中にない、新たな価値が生まれます。

アートシンキングは、決してアーティストのみのものではありません。

以前お会いした外資系戦略コンサルタントの方が興味深い発言をされていました。「経営者はみな、アーティストであり、コンサルタントの仕事とはアーティストが描く大きな絵の実現のお手伝いをすること」であると。振り返ってみると、ビジネスシーンにおいても、新たな価値を創り出すイノベーターたちはみな、アートシンキングによってエポックメイキングな商品やサービスを創造してきていました。

まずは、アートシンキングから生まれたエポックメイキングな商品をご紹介します。

▽売れるはずがないと言われた「ウォークマン」

みなさんご存じのソニーのウォークマン。このウォークマンこそ、アートシンキングで創られた商品の代表例です。ウォークマンは、綿密な市場調査を行い、コンシューマー（消費者）のニーズを探り、試験品を作ってテストマーケティングを実施し、改善・改良の後市場に投入された、というような商品ではありません。**そうではなく、**

個人の私的な想い、つまり、個人の感性から生まれたものなのです。

ウォークマンが開発された1970年代は、ソニーがグローバルにぐんぐんと成長をしていった時代です。創業者の井深大は当時、世界を股にかけて活躍しており、出張につぐ出張の日々を送っていました。

井深は、大好きなクラシック音楽を飛行機の中で聞きたいと、持ち運びができるコンパクトな再生専用機を部下に製作させました。あくまで、個人使用のためです。部下が作った再生専用機を飛行機の中で使ってみたところ、あまりの音のよさに感動。**「わたしがこんなに感動するのだから、世界中の人々も感動するに違いない」と確信し、帰国するやいなやこの再生専用機（のちのウォークマン）の発売を決断しました。**

しかし、当時のソニーの営業部門から「録音することができず、スピーカーすら付いていない再生専用機など、売れるはずがない」と猛反対を受けてしまいます。営業部門のトップは、「こんなもの売れるはずがない」という主旨のコメントが記入されたアンケートの束を役員会で机に叩きつけたそうです（つまり、営業部門は綿密な市場調査をし、ニーズを探るというマーケティング活動に基づく回答を提出したのです）。

猛反対に遭いながらも何とか発売にこぎつけたものの、開発サイドの求めた月産10万台に対して、初回の製造ロットはわずか3万台ほどでした。1979年7月に発売され、最初の1か月はわずか3000台そこそこの売上と振るいませんでしたが、翌月信じられないことが起きました。8月末までに3万台が売り切れたのです。

日本発売から半年後には海外でも発売され、ウォークマンは世界中で爆発的なヒットを記録しました（出典：『大事なことはすべて盛田昭夫が教えてくれた』［黒木靖夫著、ワニ文庫］）。

ウォークマンが登場した当時、イノベーションという言葉がまだ一般名詞化されていなかったためでしょうか、「ウォークマンはイノベーションである」と言うことはあまりないように思います。しかしこれは、正真正銘のイノベーションでした。

ソニーは、日本で初めてテープレコーダーを作った会社です。テープレコーダーは読んで字のごとくレコーダーであり、録音と再生を繰り返す商品です。録音ができて、それを再生することができるという当時の商品が持っていた常識を、テープレコーダーを最初に作った当人が覆したのです。**個人の熱い想い、そして、直観と感性による発想の転換は、アートシンキングそのものと言えるでしょう。**

ウォークマンは、音楽を持ち運べるものにし、音楽の聴取スタイル、そして、音楽業界そのものまでも変えていくことになります。

商品の新たなる価値が、音楽そのものの新たなる価値をも創造したのです。

ウォークマンがヒット商品となるや、それを模倣した商品が、当時の大手家電メーカーであるアイワ、三洋電機をはじめ、さまざまなメーカーから発売されました。しかし、アイワも三洋電機も、当時の会社はもう世の中に存在していません。模倣は、経済合理性を考えるととても効率がよいものです。開発コストがかかりませんし、マーケティングのお手本もすでに示されています。

当時ソニーは、先陣を切って実験的な試みをするモルモット企業と揶揄されていました。しかし、生き残った企業はどこだったでしょうか？　それは、創造性を保ち、挑戦を続けてきたソニーでした。

印象派のエピソードを思い出してください。印象派が世の中にデビューした当初、印象的に下手くそな絵を描く画家たちと揶揄されました。彼らもまた、表現のモルモットだったわけですが、印象派はその後、世界の美術を変えていきました。

ピカソが興したキュビズムも、初めは大きな批判にさらされました。

スティーブ・ジョブズ個人の熱い想いから生まれた世界初のスマートフォン・iPhoneがデビューしたときもそうでした。マイクロソフトのCEOスティーブ・バルマーは、「世界で一番高価な携帯電話だな。キーボードがないから、電子メールマシンとしても今ひとつだ」と揶揄したのでした。

▽たった4人で作り上げた名車"トヨタ2000GT"

トヨタ2000GTというスポーツカーをご存じでしょうか？　今から50年以上前の1967年にデビューし、1970年までの3年間でたった337台しか生産されなかった国産の本格的なスポーツカーです。

当時の世界最速車であったポルシェの記録を塗り替え、世界最高速度を記録するなどレジェンダリーなスーパースポーツカーで、今も世界の車好きたちから圧倒的な支持を受け続けています。生産台数の少なさもあり、国内のビンテージカー市場では最低5000万円、海外では1億円以上で取引されています。

トヨタ2000GTは、トヨタ自動車とヤマハ発動機が共同開発し、トヨタが基本設計を主導、ヤマハ発動機へ生産委託するという形で製造されました。プロジェクトリーダー兼製造責任者のミッションは、レースで勝てる車を作ることでした。

しかし、このプロジェクトは全社的な応援を受けて動き出したものではなかったようです。製造責任者は初め、各課より数名を選出してもらい、プロジェクトチームを結成しようとしたのですが、このプロセスではまったく人が集まりませんでした。

結局、社内で数少ない、アメリカのアートスクールに留学していたという若手デザイナーに「本格的なレースに勝てる高性能車を作らないか？」と声をかけてスカウトするなどし、わずか6人の小規模なプロジェクトチームをどうにか結成しました。この6人には、担当取締役とテストドライバーも含まれていたため、実質的なメンバーは4人でした（メンバーの少なさから、テストドライバーはデザインアシスタントとしても働くことになります）。

トヨタ2000GTの成功は、この少人数のチームだからこそ生まれたとわたしは考えています。

トヨタ2000GTのデザインは、先の若手デザイナーがアメリカのアートスクール留学中に描いた何枚ものスケッチがもととなっています。そこには、週末ごとにアメリカ車やヨーロッパ車をレンタルし、ドライブをした体験から創り上げられた理想のクルマ像が反映されていました。つまり、トヨタ2000GTの基本構想は、プロジェクト発足前のデザイナー個人の体験に基づくものだったのです。

この基本構想をもとに、デザイナーとエンジン担当、シャーシ・サスペンション担当の2人のエンジニアが「ああでもない、こうでもない」と壁に貼った大きな方眼紙とにらめっこしながら議論し、方眼紙に手書きで全体設計図を作製していきました。

全体設計図が決まると、ふつうだと複数人のデザイナーが分担作業をして2週間ほどで完成させる原図を、デザイナー1人で、1週間で仕上げたそうです。

そこから、テストドライバーがアシスタントとなり、デザイナーと2人で部品ごとの詳細な設計図を完成させました。50年以上も前のことなので、今や当たり前のコンピューターもありません。曲線を引くのに、曲線を引くための定規を何本も特注したそうです。

気が遠くなるような話ばかりですが、プロジェクトが始まり8か月あまりですべての設計図が完成しました。この設計図をもとにヤマハの工場でプロトタイプを作り、その4か月後には第一号が完成しました。

実務者4人プラスデザインアシスタント1人（本職はテストドライバー）、計5人が1年で試作車を完成させてしまったのです。その背景には、ヤマハの多大なる協力もありました。内装のウッドパネルにはヤマハが長年楽器製造で蓄えたノウハウが十二分に活かされており、その内装は格調高い工芸品のようです。

わたしは車のことに関して決して詳しいわけではありませんが、1台の車を完成させるまでには、少なくとも数百人単位の人的リソースが必要なはずです。トヨタ2000GTが実務者4人、アシスタントや担当役員を含めても6人という少人数で作り上げられたことは驚嘆に値します。

しかしながら、6人であったからこそ、製造責任者を中心にデザイナー、エンジニアそれぞれが、自身の持つ感性を十二分に発揮できたと考えることも可能です。**このクルマが日本はもとより、製造から50年以上を経た今でも世界中でリスペクトされているのは、個人の貴重な体験に基づくクリエイティビティが根底にあるからでしょう。**

トヨタ2000GTは、当時の世界最速車であったポルシェの記録を塗り替えるなど、性能も申し分ありません。レースにも優勝し、「勝てる車を作ること」というミッションを見事に果たしています。それと同時に、美しい車でもあります。美しさと性能、どちらも兼ね備えているのです。

美とエンジニアリングの融合。トヨタ2000GTは、50年以上前にアートシンキングが生み出した、世界に誇れる日本車と言えるでしょう。

参考：『トヨタ2000GTを愛した男たち』（細谷四方洋著・三恵社）

アートシンキングを身につけよう

▽誰もが感性を持っている

人は、誰しもがクリエイターでありアーティストです。子どもの頃を思い出してみてください。砂場で城を作ったり、雪だるまを作ったり、落ち葉や枝で（今思うと）何らかのオブジェを作っていたはずです。井深が晩年、子供の情操教育に大きな力を注いでいたことにも納得です。

一方で、多くの人は、直観や感性、センスは生まれ持ったものだと思ってしまっています。

「子供は誰もが芸術家である。問題は大人になっても芸術家でいられるかどうかだ」とはピカソの言葉です。

直観や感性は身につけることができるものなのです。いえ、身につけるというよりも、誰しもが本来持っているものなのです。ただ、大人になるにつれてそれを呼び覚ますことが難しくなるのです。そうなってしまうのは、たとえば第4章で触れた、美術教育の問題があります。

▽センスを呼び覚ますには？

みなさんご存じのロジカルシンキングは、社会人になってから、上司や先輩の指導のもと学んだ、あるいは研修によって身につけた、という方がほとんどではないでしょうか？

実は、センスや直観も、ロジカルシンキング同様トレーニングで呼び覚ますことができます。センスは生まれ持ったものという一般的なイメージからすると、意外なことに感じられることでしょう。

ここで、おもしろい事実を紹介しましょう。次の中で、もっとも遺伝的な要素の強いものはどれだと思いますか？

・スポーツ（運動神経）
・数学力
・記憶力
・美術のスキル

正解は「数学力」です。次は「スポーツ（運動神経）」で、「記憶力」と「美術のスキル」が同率で遺伝的な要素が弱いものとなります（参考：『遺伝子の不都合な真実』〔安藤寿康著、ちくま新書〕）。

遺伝的な要素が弱いということはつまり、後天的に鍛える余地が十分あるということです。

とても意外に感じられるのではないでしょうか？　そして、この美術のスキルこそがアートシンキングを高めるのです。

では、センスを呼び覚まし、アートシンキングを実践していくには、具体的に何をしたらいいのでしょうか？

それは、「絵を観ること」そして、「絵を描くこと」です。

絵を観て新たな知覚の扉を開く

▽感性と論理に同時に働きかける

第4章でご紹介した通り、ドイツやイギリスの美術教育は絵を観ることから始まります。

また、第2章でご紹介した通り、知り合いの画家がドイツに留学していたとき、同じ財団の援助で留学をした科学者が、研究に行き詰まると美術館に行き、絵を観てヒントを得ているというエピソードもあります。

さらに、2015年に刊行された、『エグゼクティブは美術館に集う』（奥村高明著、光村図書出版）という本にも、絵を観ることの効用が記されています。この本によると、ニューヨークのエグゼクティブは、出社前に美術館で絵を観てくるそうなのです。そして、頭を整理し、創造性を高めるためには、美術鑑賞が重要であると述べています。

さて、「見る」と「観る」。英語でいうところの"See"と"Watch"は似て非なるものです。

「見る」は、目に入ったものを明確な意図や目的を持たずに受動的に捉える行為であり、「観る」は、明確な意図や目的を持って対象を能動的に捉え、考え、思考する行為です。

つまり、「見る」は感性をつかさどる右脳のみに訴えかけますが、「観る」は考えることを同時に促し、論理をつかさどる左脳にも働きかけます。

みなさんも、今までの人生の中で美術館に行った経験が必ずやあると思います。美術館で絵を観た後、さまざまなことを感じたのではないでしょうか？　また、人によっては多少の疲労感を覚えたのではないでしょうか？　同伴者とともに鑑賞した方は、観終わった後、喫茶店やレストランで誰から強制されることなく、お互いが自発的に感想を述べ合ったはずです。

絵を観ることで、感性をつかさどる感覚脳と論理をつかさどる言語脳の間を思考が往復し、新たな知覚の扉が開かれたのです。その結果、知らず知らずのうちに「観察力」が高まっています。

科学者が美術館で絵を観たり、ニューヨークのエグゼクティブが出社前に美術館に行くのは、とても理にかなったことなのです。

▽ビジュアル・シンキング・ストラテジー

この絵画鑑賞を能力開発のプログラムにした、VTS（ビジュアル・シンキング・ストラテジー）というものがあります。美術鑑賞を通して、「観察力」「思考の多様性を認め合う力」「コミュニケーション力」を育成しようというもので、ニューヨーク近代美術館（MoMA）にて開発されました。

VTSのプログラムの流れは、大まかに次の通りです。

（1）1枚の絵を複数人で鑑賞し、お互いが意見を述べ合う

（2）専門家（主に学芸員）が、絵の詳細な説明（画家の解説、美術史、使われている技法）を行う
（3）専門家の解説を受けた後で、グループ、そして、個々人で気づいたことを述べ合う

対話形式で美術鑑賞をすることで、美術作品を軸に感性が呼び覚まされ、言語化することによって論理力までも磨きがかかります。

音楽において、録音を聴くのではなく生演奏を聴くことによって新たな感動が込み上げてくるのと同じように、美術作品も、印刷物を観るのではなく原画を観ることによって、今まで感じ得ることができなかった新たな知覚と気づきが生まれてくるのです。

▽アート・アンド・ロジック流絵画の見方

絵画には、多くのメッセージが隠されています。そしてそれは、感性とロジックで

構成されています。ここで、わたしの講座の受講生のみなさんを対象に企画した「絵の見方講座─構図編」の中の一部をご紹介いたします。図を参照しながら、ご覧ください。

─A─モナリザの微笑み　ダ・ヴィンチ─

この絵からは、落ち着きと安定が感じられます。なぜでしょうか？

それは、三角形をもとに構図が構成されているからです。このように、絵画の中の大きな構造を捉えることで、「安定」という感性的な部分をロジカルに言語化することができます。

─B─舟遊びをする人々の昼食　オーギュスト・ルノアール─

こちらの絵からは、人々がとても楽しそうに談笑している雰囲気が画面から伝わってきます。これは、上下左右均等な対角線の構図によって調和が生まれているからです。

この対角線が均等ではなくなると、面積の大きいほうが、面積の小さいほうを支配

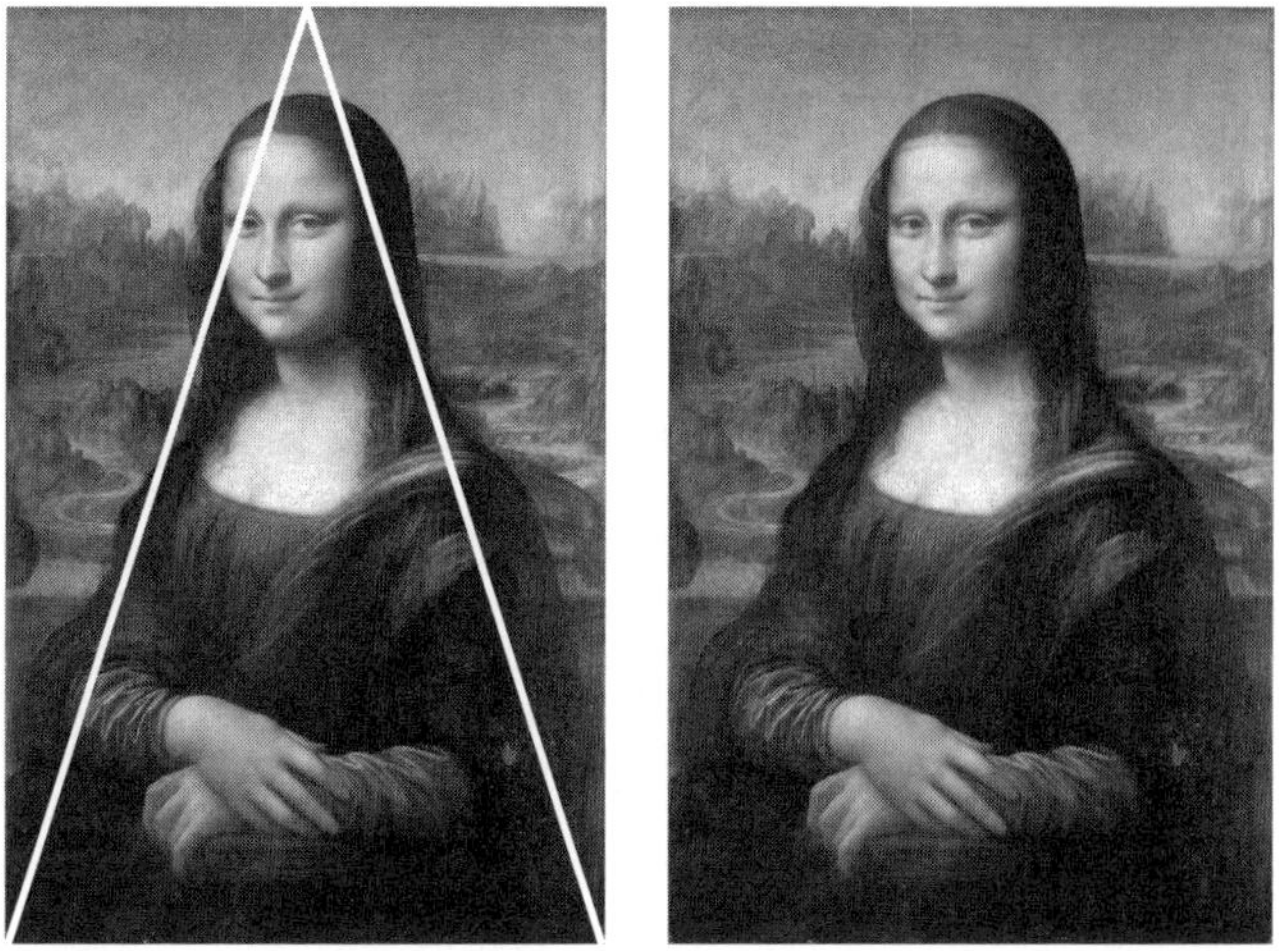

(A) レオナルド・ダ・ヴィンチ「モナリザの微笑み」1519年頃

する構図となります。これは、戦争画によく見られ、支配者と支配された側を強く印象付けます。

C｜詩歌写真鏡・木賊刈　葛飾北斎｜

こちらの絵の人物からは、まだこれから、長い距離歩いていくような印象を受けます。それには、ジグザグの構図が関係していま す。橋を渡り左へ、池を回り右へ左へ、そして、さらにその奥を右へ左へと進んでいくように道が描かれています。このジグザグが、わたしたちに時間の経過の長さを感じさせるのです。

このように、構図が絵の雰囲気を作り、そ

(B) オーギュスト・ルノアール「舟遊びをする人々の昼食」1881年

(C) 葛飾北斎「詩歌写真鏡・木賊刈」1830年頃

れが描かれた場面の印象としてわたしたちに伝わります。ただし、ここで紹介した構図から絵を捉える見方は、絵画を観ることのほんの一部にしかすぎません。

たとえば、(B)「舟遊びをする人々の昼食」には、シルクハットを被り正装した人と、ストローハット(麦わら帽子)を被った下着姿の人が混在しています。つまり、さまざまな階級の人々が同じ場に居合わせているのです。これは、フランス革命以降の、階級社会が崩れつつある世相を表しています。

また、明るい光をメインに描くことによっても、楽しく明るい雰囲気を表現しています。

絵の見方は一通りではありません。じっくりと絵を観ることによって、鑑賞者なりの文脈を完成させ、意味づけを行っていけばよいのです。その過程において感じたことを鑑賞者間で述べ合い、思考の多様性を認め合うことで、高次元のコミュニケーションがかわされることになります。このこともまた、感性を呼び覚ましてくれます。

鑑賞がインプットであるとすると、言語化することはアウトプットです。「見る」から「観る」、是非とも体感していただきたいと思います。

デッサンはアートシンキングの素振り

今から500年前のルネサンス期、アートとサイエンスは同じ領域の学問であり、互いに補完し合う関係にありました。第2章でも述べましたが、かの有名なレオナルルド・ダ・ヴィンチは「モナリザの微笑み」や「最後の晩餐」を描いた画家としても有名ですが、天文学者でもあり、数学者でもあり、解剖学者でもあり、発明家でもありました。

このルネサンス期に完成されたデッサンは、絵を描くことの基礎です。いわば、算数における九九、野球における素振りが、絵画におけるデッサンなのです。

九九を知らずに因数分解ができないように、素振りなしにホームランを打てないように、デッサンなしに絵筆に感性を込めることはできません。

第1章のアイビーエムのエピソードを思い出してください。1980年代に美術教師を招いて社内のエンジニア200人に絵を描く研修を実施しました。これは、絵を描くことによって画家やデザイナーの持つ思考回路をなぞらせ、創造的な課題解決能力を身につける、あるいは、発揮できるようにするための能力開発でした。

デッサンに必要なスキルを身につけることは、アーティストの思考法を身につけ、感性を呼び覚ますことにつながるのです。

▽デッサンの効用

絵を描くことの基本であるデッサンは、論理と感性双方のバランスを高めていく行為です。東京藝大の現役合格者に数学が得意だった人々が多いのはこのためです。ルネサンス期にアートとサイエンスが同じ学問であったことも同じ理由からです。

デッサンによって、本来、誰もが持っている感性を引き出しつつ、感覚のみに頼らずにロジックを援用する、左脳と右脳の両方を活用したハイブリッド型の思考スタイルが身につきます。それが、課題を独自の視点で発見し創造的に解決する力へとつながるのです。

デッサンのスキルを身につけることによって身につく力を、具体的に見ていきましょう。

｜イメージを保ち続け、具現化する力｜

デッサンは、日本語で素描と訳されます。素描とは、見たままを鉛筆で描写していく行為です。つまり、目の前にあるモチーフを捉え、自分が思うゴールイメージへと具現化していくのです。

一度イメージを持って絵を描くことを体験すると、美術館で絵を観たり、あるいは日常にあるモノやコトに触れたりするときにも、ものの見方が変わり、多様なイメージを蓄積することができるようになります。

さらにこれは、ゴールイメージを持ち、それを目指して今やることを考えて実践し成果をあげる「バックキャスティング」にも通じます。

じっくりと観察し、出力する力

画家やデザイナーがデッサンをする際、モチーフを見る時間に8割以上を割きます。意外に思われるかもしれませんが、描く先の紙はあまり見ません。

綿密で正確なインプットによって脳に正確な情報が送られ、エンジンとしての脳の出力が上がり、鉛筆を持った利き腕の出力が上がるのです。これにより、認知バイアス（思い込み）の排除が行われ、正確で客観的なものの見方が養われます。

理論を学習し、実践する力

デッサンによって、論理力と感性のバランスを高めることができます。仕事でもそうですが、机上の理論だけではプロジェクトは進みませんし、思いつきの感覚だけではすぐ壁にぶつかります。

理論と実践を繰り返すことで初めて深い気づきが生まれ、効率的にものごとを進めていくことができます。絵を描くことは感覚によるものであると考えられがちですが、決してそうではありません。遠近法が感覚のみで描かれるわけではないことは、みなさんご存じでしょう。

全体を統合し、調和させる力

デッサンを描き、完成させるには、バラバラな要素をつなぎ合わせて統合する必要があります。デッサンは、主観と客観を常に繰り返し、全体の調和がとれた瞬間に完成します。つまりこれは、紙の上で物語を完成させていくことなのです。

この統合力はまさに、プロジェクトを着地させる力やアプリケーションやシステムを完成させるためのスキルと同じであると言えるでしょう。

第 7 章

実践! デッサンで思考をアップデート

アーティストたちの思考法であるアートシンキングは、ロジカルシンキングの限界を超え、ビジネスにイノベーションをもたらします。そしてそれは、センスとロジック、理論と実践、主観と客観を繰り返すところから生まれます。この能力を磨く一番の方法がデッサンです。本章では、おそらくほとんどの方にとって未知の分野であるデッサンの世界に触れていただくワークをご紹介したいと思います。

美術の守破離

感性に偏った日本の美術教育の中にあっても、絵が得意な子ども、絵の天才と呼ばれるような子供がクラスに1人か2人ぐらいはいたはずです。かく言うわたしも、子供の頃は絵の天才と言われていました。

その種明かしはこうです。

「他の子供たちよりも絵、それも、名画を観る機会が多かったから」

つまり、特別な才能を持って生まれてきたわけではなく、ただ単にインプットの量と質が他の同学年の生徒よりも優れていただけなのです。

ドイツの美術教育がそうであるように毎週のように美術館に連れられましたし、また、親が画家だったため、(直接手ほどきを受けたことはほぼありませんが) 遠近法を使って描いている様子などをぼんやりと見ていました。そのため、絵を描くプロセスが感覚だけに頼ったものでないことが脳に焼き付けられていました。さらには、北欧のデザイン玩具を買い与えられていたことも、色彩感覚を研ぎ澄ます助けになっていたたのでしょう。

幼少の頃から、そうとは知らずに欧米的な美術教育を受けていたのです。

第4章で海外の美術教育についてご紹介しましたが、各国とも一定のロジックに基づいた教育体系を持っています。それぞれの国で、数学でいうところの九九に当たるものが、美術においても必ず教えられるのです。

考えてもみてください。九九を覚える前に先生が黒板に因数分解の問題を書き、「さぁ、みんなの感性で答えを考えてみましょう」などとは決して言わないはずです。まずは九九を学び、その次に割り算へと少しずつ進んでいったはずです。

お茶の世界に、守破離という言葉があります。最初は師匠に言われた通りに型を「守」るところから始まります。その後、その型を自らの実践と照らし合わせて研究することにより、よりよいと思われる型を創ることで既存の型を「破」り、最終的には師匠の型、自分自身が創り出した型の上に立つことができるようになり、型から自由になって型から「離」れることができるようになります。

「感性のままに自由に描きましょう」というのは、「守」以前の人に「離」を求めるようなものです。多くの人が美術に対して嫌悪感を抱いてしまうのは、当然のことでしょう。

アート・アンド・ロジック

ではさっそく、わたしの主宰する講座、アート・アンド・ロジックから、デッサンの「守」に当たるものをご紹介していきましょう。

何を隠そう、わたしの講座、アート・アンド・ロジックは、誰もが、たったの2日間で、驚異的に絵が描けるようになるオリジナルプログラムなのです（図は、受講者による受講前と受講後の絵です）。

なぜたったの2日でこれが可能なのかというと、第6章でお伝えした絵の上達に欠かせない4つの力（「イメージを保ち続け、具現化する力」「じっくりと観察し、出力する力」「理論を学習し、実践する力」「全体を統合し、調和させる力」）を理論的かつ効率的に習得できるワークを実践することで、アートのロジック、デッサンの九九を身につ

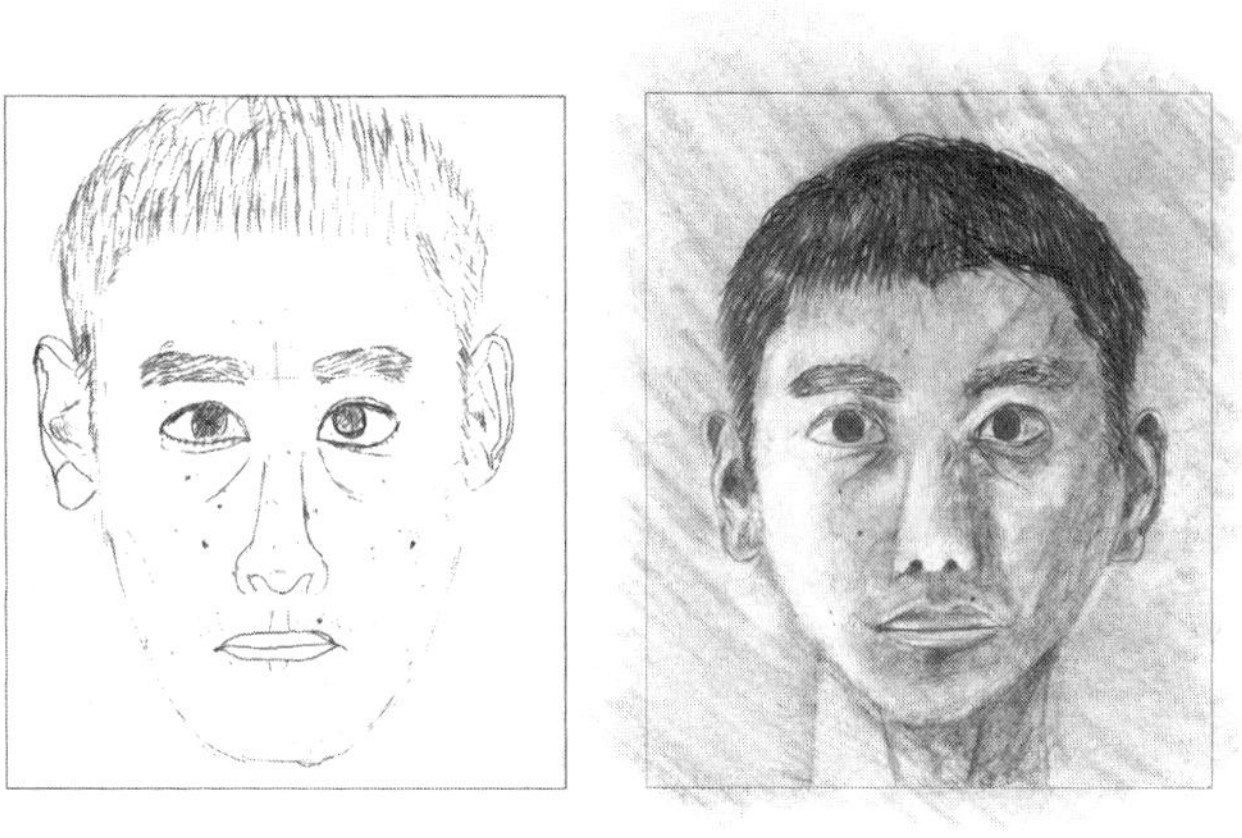

受講者による自画像。（左）受講前　（右）受講後

けていただいたうえでデッサンしてもらうからです。

とはいえ、本書でお伝えできるのはアートのロジックの一部分だけであり、デッサンそのものの手ほどきをすることはとうていできません。もっとも、このワークを実施するだけでも、みなさんの思考がアップデートされ、新たな知覚と気づきの扉が開けるはずです。

図のようなデッサンを描けるようになるためには、宣伝めいていて大変恐縮ですが、わたしの講座を受講していただくか、デッサンの専門書で学んでいただく必要があります。その際は、『シャルル・バルグのドローイングコース』（シャルル・バルグ著、ホーンデジタル）や『絵はすぐに上手くならない』（成冨ミヲリ、彩流社）といった書籍がおすすめです。

それでは、鉛筆を用意してさっそくワークに取り組んでみましょう（できれば、シャープペンシルは避けてください）。

▽ワーク1　タッチを知り、思考パターンを知る

デッサンのワークと聞くと、思わず身構えてしまうかもしれませんが、まずお伝えしたいのは、上手い下手は問題ではないということです。**そうではなく、自らが持っているタッチのリズムをいかに深化させていくか、というのが肝心です。**

こちらの絵を見てください。ここには、さまざまなリズムのタッチで描かれた線があります。

Aは、超高速なタッチで直線を素早く描いています。Bはにょろにょろとした木を描いています。曲線の連続となっており、Aに比べると速度は落ちますが、比較的速

A. 超速いタッチ

B. 速いタッチ

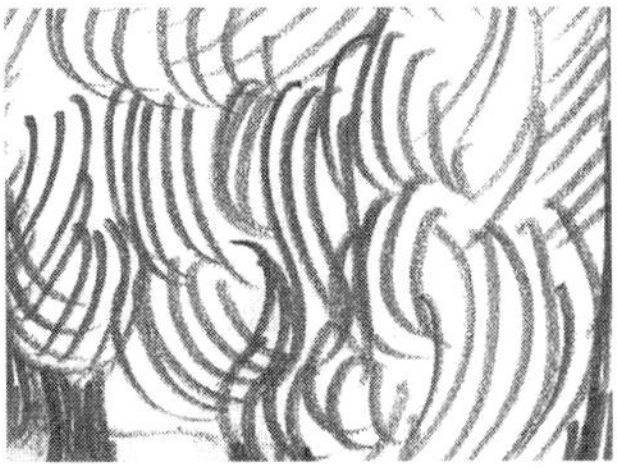

C. やや遅めのタッチ

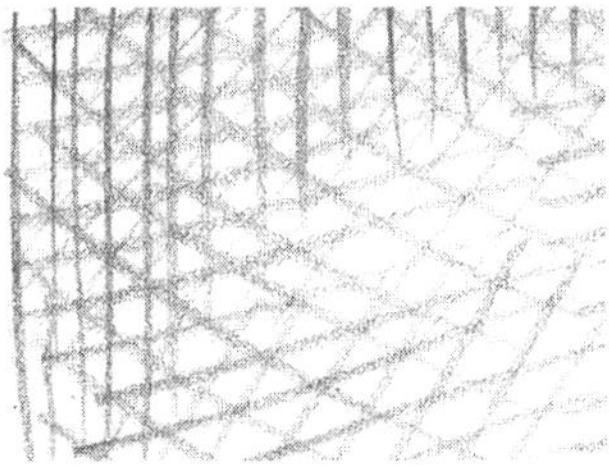

D. 遅いタッチ

さまざまなリズムのタッチで描かれた公園の風景

いタッチです。Cはタテ・ヨコ・ナナメの線を等間隔に描いたものです。やや慎重にならないと描けない線ということもあり、遅めのタッチです。Dはこの中でもっとも遅いタッチとなっています。模写に近く、対象を見ながらじっくり描いたものです。

タッチの速さは、車や自転車のギアに喩えるとわかりやすいかもしれません。Aはもっとも速いので5速、Bは3速、Cは2速、Dは1速です。音楽のテンポに喩えるなら、Aはアレグロ（活発に）、Bはモデラート（中くらいの速さ）、Cはアンダンテ（歩くような速さで）、Dはアダージョ（ゆるやかに）です。

次ページの四角いフォーマットにA、B、C、Dの順番に鉛筆を走らせていきましょう（さらにその次のページに見本がありますので参考にしてください）。

4つのタッチを描き終えたら、次は下の一番大きなマスになんでもよいので何かを描いてみましょう。

超高速のタッチから遅いタッチまで、もっとも心地よいタッチはどれでしたでしょうか？　超高速のタッチが心地よかった方は、おそらくせっかちなタイプです。また、遅いタッチが心地よかった方は気長でのんきなタイプです。

A. 超速いタッチ

B. 速いタッチ

C. やや遅めのタッチ

D. 遅いタッチ

自分のタッチ

A. 超速いタッチ

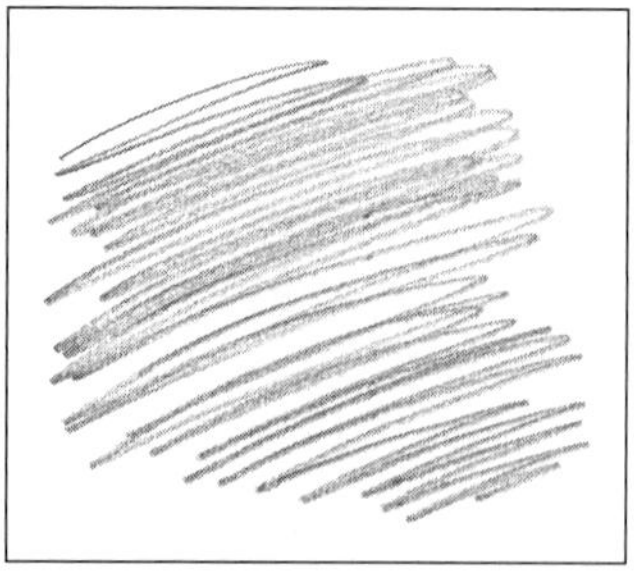

B. 速いタッチ

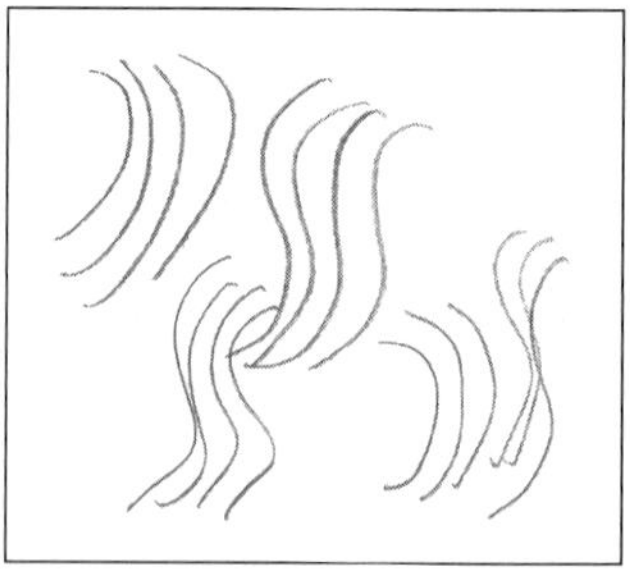

C. やや遅めのタッチ

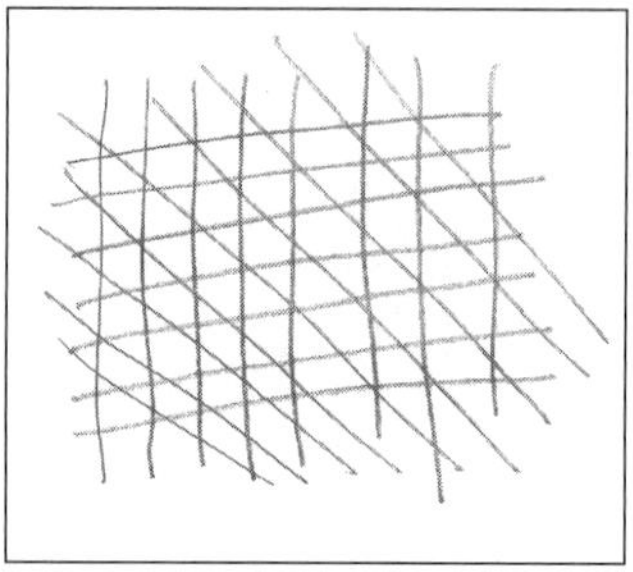

D. 遅いタッチ

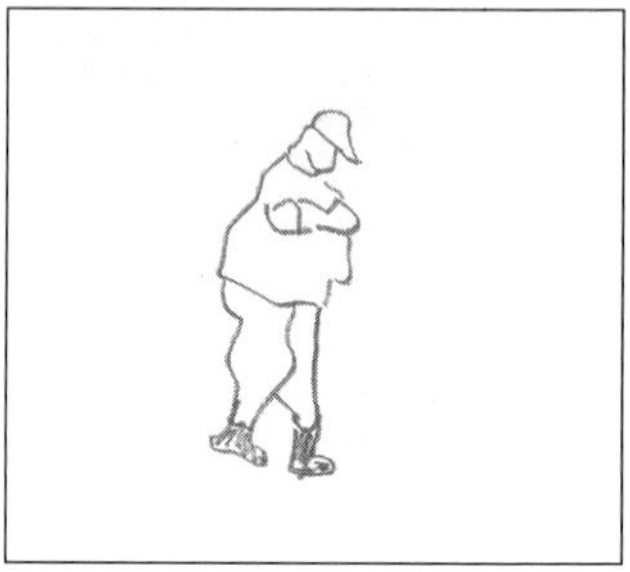

自分のタッチ

パソコンだと、キーボードを叩いて変換して初めて思考がスクリーンに映し出されますが、鉛筆だと思考が紙の上に直接反映されます。そのため、自身の思考のリズムが分かるのです。

続いて、一番下の大きなマスには何を描いたでしょうか？
まずは、描いた絵のタイプを確認します。

A　具体的なもの
B　抽象的なもの

次に、描いたものの時間軸を見てみましょう。

（1）つい今しがた目にしたもの
（2）以前目にしたもの
（3）時間軸が存在しないもの

Ａの具体的なものを描いた、かつ（1）つい今しがた目にしたもの（たとえば机の上にあるパソコンなど）を描いた方は超現実主義者です。おそらく目の前にあるタスクを淡々とこなしていく思考タイプです。Ｂの抽象的なものを描いた、かつ（3）時間軸が存在しないものを描いた方は抽象的なイメージに基づいて思考するタイプです。

具体的なものを描き、時間軸が現在に近ければ近いほど目の前にある現実的なものに向き合う思考が強く、抽象的なものを描き、時間軸が過去にさかのぼればさかのぼるほど抽象的な思考が深い傾向にあると言えます。

なお、筆圧（描いた時の線の濃さ・薄さ）はメンタルの状態を示唆します。メンタル不全に陥っている方は、筆圧が低い傾向にあります。

このワークで見てきたものが、個々人が持っている個性の源です。ワークを重ねていくに従って、自身が持っているタッチがどんどん進化・深化し、眠っていた感性が呼び覚まされ、直観力が研ぎ澄まされていきます。

子供が描いた顔

ワーク2 観察力を高め、認知バイアスを知る

ワーク2に入る前に、クイズです。図は子供が描いた絵です。左はわたしの姪っ子が描いた絵、右は2歳半の女の子が描いた絵です。この2つの絵の共通点は、目がとても大きいことです。なぜ、子供の絵は目が大きいのでしょうか？

答えは、目が重要なパーツだと思っているからです。目で保護者や友達、自分を認知するため、目は、敵味方を見分ける重要なパーツだと子供たちは認識していますす。手が発達すると、今度は手を大きく描くようになります。これも、手が、食べ物をつかんで口まで運ぶための重要なパーツであると認識するためです。

なぜこのようなクイズを出したかというと、多かれ少なかれ、わたしたちはものごとをありのままには見ていない、ということをお伝えしたかったからです。子供の例は極端ですが、わたしたちも、勝手な思い込みでものごとを判断していることが多いはずです。

この勝手な判断を認知バイアスと呼びます。認知バイアスは、目の前のものをありのままに捉える妨げとなることがあります。

たとえば、人事異動の際に「今度来る部長は以前いた部署で鬼の山田と呼ばれていたらしい。いやだなぁ」とか、上司の立場であれば新しい部下を迎える際に、「鈴木は変わり者で空気が読めないので、注意したほうがいいですよ」など、本人に接する前に、うわさや他人の評価を聞き、先入観を持ってしまうことがままあります。そして、それらは間違った評価であったり、本人の一面にすぎないかもしれないのに、先入観に引きずられて誤った人物像を作り上げてしまうのです。

デッサンにおいても、わたしたちがすでに持っているモチーフのイメージに引きずられてしまうことがありますので、注意が必要です。

さて、ワークに入りましょう。

ページをめくると、岩の上に佇んでいるジャンパーを着た男の絵が出てきます。これから、この絵を模写していただきます。**ただしその際、本書を逆さまにひっくり返したうえで、岩の上に佇んでいるジャンパーを着た男とは思わず、単なる線の集合体だと思って模写してみてください。**

それ以外の描き方は自由です。どこから描いても構いません。また制限時間も特にありません。**描くためのアドバイスを1つだけ、逆さまの絵を見る時間を意識的に多くとってください。**

描き終わったら、絵をひっくり返してみましょう。
いかがですか？　思ったよりも上手く描けたのではないでしょうか？
さて、なぜ逆さにすると上手く描けるのでしょうか？

わたしたちは日々、通勤電車の中で、会議の場で、家族や友人との食事の中で、さまざまな人と接しています。そのとき、人のパーツを均等に見ているわけではなく、顔をもっともよく見ています。

この絵をひっくり返さずに描いてもらうと、多くの人は顔から描き始めます。日々顔を見ることに多くの時間を割いているので、「上手く描かなければならない」「顔というものはこういうものである」という認知バイアスが頭を駆け巡り、意識がフリーズし、きちんと模写するのが難しくなります。

ひっくり返すことで単なる線の集合体として知覚することになり、認知バイアスが外れ、正確な情報の入力（インプット）がなされます。すると、脳のエンジンが起動し、利き腕が駆動され、正しい出力（アウトプット）がなされるのです。

逆さに描いたほうが上手に描けるのは、このためです。

▽ワーク3 ものごとを多角的な方向から見る力を高める

ワーク3でも、模写に取り組んでもらいます。模写いただくのはゴルファーの写真です。鉛筆を用意して、取り組んでみてください（制限時間は5分です）。

描き終わりましたでしょうか？

おそらく、多くの方は左図のように輪郭線をなぞるようにして描いていったのではないでしょうか？

では、この絵をもう1度、次のようにして描いてみましょう。

よく観ると、この写真の中には、三角形が2つ見つかります（次ページの図を参考にしてください）。

この2つの三角形を描くことによって、ゴルファーの右腕とゴルフクラブのきわ（エッジ）を描いたことになります。この三角形を描いたうえで、輪郭線をなぞってみてほしいのです。もちろん、消しゴムを使って修正しながら描いていって構いません。制限時間は先ほどと同じく5分です。

2つの三角形

描き終わりましたでしょうか？

2回目の方法で描いたほうが描きやすかったのではないでしょうか？

その理由は、モチーフの中にある空間を見つけて描けるようになったから、そして、モチーフをさまざまな方向から見ることができるようになったからです。

この空間を見る力を、空間認知能力と言います。空間認知能力はものごとを多角的な側面から見る力とも言えます。美術を高等教育機関で学んだ人々は、絵を描く中で必ずこの空間認知能力と、ものごとを多面的に捉える力を身につけます。


ここで、次ページの絵をご覧ください。アメリカの有名な心理学者ジャストローのだまし絵です。何が見えましたか？

この絵は、企業の組織開発研修などでよく使用されます。研修に参加したほとんどの人が右側、もしくは左側の一方向からしか見ない（見えない）ため、ある人はアヒルの絵と思い、またある人はウサギの絵と思います。同じ絵を見ているのにもかかわらず知覚や感じ方が異なること、それゆえ、人はそう簡単には相互理解できないこと、そして、わたしたちは、わたしたちが思っている以上に視野が狭いのだということを

ジャストローのだまし絵

認識してもらうためにこの絵は用いられます。

この絵を画家やデザイナー数人に見せたところ、みな、瞬時に2匹の動物が描かれていることを見抜きました。**この絵は、右側から見るとアヒルに見え、左側から見るとウサギに見えるのですが、空間認知能力が高まると両者をうまく切り替えて見ることができるのです。**

ここ数年、デザイナー職の方々がビジネスコンサルタントとして活躍しています。佐藤可士和は、その代表と言えます。

MBA的な思考は過去のさまざまな企業の事例やエビデンスをもとに、過去からの積み重ねの視点から構造化を行い、課題解決を図ります。一方、MFA的な思考は、真っ白な何も描かれていないキャンバスに絵を描いたりデザインを施していくように、対象をさまざまな角度から観察し、課題を発見して解決していきます。

積み上げ型のMBA、創造型のMFAと表現することができるでしょう。


以上、3つのワークをご紹介させていただきました。これらのワークは、わたしが主宰をしている、ビジネスパーソンが新たな知覚と気づきを手に入れ、思考をアップデートさせる講座「アート・アンド・ロジック」の中の、本格的なデッサンを始める前のウォームアップに当たるものです。

このワークを実践することによって、創造的なアートシンキングの扉を少しでも開いていただけたのであれば幸いです。

思考のアップデートの深化を図るために、次なるステップ、デッサンにチャレンジしていただけることを願って止みません。

おわりに

―アートシンキングの真髄―

本書の中で、アートシンキングがビジネスにイノベーションをもたらしたエピソードをいくつか紹介していきましたが、その究極は、アーティスト本人が最高経営責任者になったソニーの元CEO、故大賀典雄でしょう。

彼がソニーの創業者である井深大、盛田昭夫と出会ったのは、東京藝大の学生の頃、レコーディングスタジオの電気系統の設計のアルバイトをしていたときでした。大賀が、電子部品を調達するためにソニーの本社を訪れたところ、藝大生であるにもかかわらずエンジニア並みの知識とアイデアを持っていることに驚いたソニーの創業者2人は、彼に大きな興味を持ち、スタジオ完成後も縁が続くことになります。

大賀が東京藝大を卒業後ドイツに留学した際には、彼らの一方的なラブコールによりソニーの嘱託となり、ヨーロッパの電機メーカーのレポートを不定期で送っていました。大賀は帰国後、プロのオペラ歌手として活動をします。

それでも、ソニーとの縁はまだ続いていました。ある日、大賀が工場見学に訪れた

際に、

「ソニーのデザインは欧米に比べ未熟だ」

「それならウチにきなよ」

という会話がかわされ、これが引き金となり、オペラ歌手の仕事も続けるという二足のわらじを条件に入社を決めます。

入社するや、29歳の若さで商品開発部長になり、デザインに意見をするとデザイン部長も兼務することとなり、広告に意見をすると宣伝部長も兼務するようになります。オペラ歌手としての活動は物理的に難しくなり、入社から2年で二足のわらじを捨てました。

大賀は、ソニーにさまざまな変化とイノベーションをもたらしました。彼が手がけた代表的な仕事は次の通りです。

ロゴの変更――ビルボード（屋外広告）が、雨や霧の中でも見えやすくなるようにフォントを太くした

工業意匠の確立――すべての製品を「ブラック&シルバー」に統一

新聞広告デザインの統一――一目でソニーの広告だと分かるように、デザインフォーマットを統一

これらはすべて、企業ブランディングの先駆けです。その他にも、「ユーザーの利便性を第一に考え、機能をシンプルにした」「フィリップスとともにCDを開発した」「その際、世界的な指揮者、カラヤンを開発顧問にした」「ハードとソフトを併せ持つ組織を興した（CBSレコードとの合併会社CBSソニーを設立し、コロンビアピクチャーズを買収し、ソニー・ピクチャーズを設立した）」など、ビジネスサイドでも数々の成果をあげています。

ここにあげたもの以外にも数々の偉業を成し遂げた大賀ですが、もっとも驚くべきことは、ソニー入社前はビジネスとは縁もゆかりもないアーティストであったことです。会社に入社し、上司から然るべき教育と指導を受け、階段を一歩一歩上るようにしてキャリアアップを重ねることなど、まったくしていないのです。

彼のこだわりは常に「他者《よそ》の真似はしない」ことでした。

これこそが、アートシンキングの真髄です。

アートの持つ功利性のみを追求してはならない

第7章で、ワークを3つほど紹介させていただきました。みなさんの中には、これらのワークで得た気づきを明日からさっそく仕事に活かしていけるという方もいることでしょう。

ここ最近、アート・アンド・ロジックのプログラムを企業研修の場に取り入れていただけるようになってきました。学んだことをうまく消化して、日々の仕事に活かしていただいている方がいる一方で、「どこにどう活かしたらよいのかさっぱりわからない」「すぐには活かせない」とおっしゃる方がいるのも事実です。

すぐに活かせるかどうかはその人次第、と言ってしまっては元も子もありませんが、第2章のジョブズのエピソードのように、その場では知覚しえない深い思考の中にじっくりと入り込み、時を経て具現化していくことだってあります。むしろ、こちらのほうがアートシンキングの本質です。

正直に申し上げると、アートを学んだからといって、翌日からイノベーティブなアイデアが湯水のごとく出てくることはありません。思考のアップデートには時間がかかります。

ソニーのウォークマンの例を思い出してください。井深大の単なる思いつきでウォークマンが生まれたわけでは決してなく、彼のさまざまな経験や深い思考の積み重ねが、直観として海面に浮かび上がってきたのです。

アートに即効性を求めていては、本当の意味でのアートシンキングを手にすることはできないのです。

―美意識が未来を創る―

先日、サッカーの元日本代表監督の岡田武史が、とある番組で興味深い話をしていました。それは、ヨーロッパへの留学経験をはじめとして、世界のさまざまなサッカーを経験している彼ならではのコメントでした。

「日本人の選手は決められたシステムに沿ってプレーするように指示すると、決められたシステムに沿ってしかプレーせず、自由にプレーするように指示すると勝ちにこだわらずにただ好きなようにプレーする。しかしながら、ヨーロッパの選手は決められたシステムの中でプレーしつつも、時にはシステムから逸脱し、自身のクリエイテイビティを発揮し勝利する」

この言葉こそセンスとロジックの融合を表すものではないでしょうか？

論理的な思考はシステムを維持するためにとても重要です。しかしながら、世の中にない新たなシステムを創り上げるのには、直観やセンスとロジックが融合したアートシンキングが不可欠です。

アートシンキングの根源は、美意識にあります。

本来、わたしたち日本人は高い美意識を持った民族です。高い美意識を持っていたからこそ、ヨーロッパにジャポニズムが芽生えたのです。

美意識は、本来一人一人の心に宿っているものです。第1章で、アートが海外のビジネスシーンに溶け込んでいる数々の例を紹介しましたが、わたしたち日本人も、美意識を取り戻して思考のアップデートを図るべきなのです。

最後に、印象派の巨匠クロード・モネが、「睡蓮」について語った言葉を紹介いたします。

作品の源泉をどうしても知りたいというのなら、その一つとして、昔の日本人たちと結びつけてほしい。彼らの稀に見る洗練された趣味（思考）は、いつもわたしを魅了してきた。

クロード・モネ

２０１８年９月
増村岳史

ビジネスの限界はアートで超えろ!

発行日　2018年　10月20日　第1刷

Author　増村岳史

Book Designer　西垂水敦・太田斐子(krran)

Publication　株式会社ディスカヴァー・トゥエンティワン
〒102-0093　東京都千代田区平河町2-16-1 平河町森タワー11F
TEL　03-3237-8321(代表)
FAX　03-3237-8323
http://www.d21.co.jp

Publisher　干場弓子
Editor　堀部直人

Marketing Group
Staff　小田孝文　井筒浩　千葉潤子　飯田智樹　佐藤昌幸　谷口奈緒美
古矢薫　蛯原昇　安永智洋　鍋田匠伴　榊原僚　佐竹祐哉
廣内悠理　梅本翔太　田中姫菜　橋本莉奈　川島理　庄司知世
谷中卓　小木曽礼丈　越野志絵良　佐々木玲奈　高橋雛乃

Productive Group
Staff　藤田浩芳　千葉正幸　原典宏　林秀樹　三谷祐一　大山聡子
大竹朝子　林拓馬　塔下太朗　松石悠　木下智尋　渡辺基志

Digital Group
Staff　清水達也　松原史与志　中澤泰宏　西川なつか　伊東佑真　牧野類
倉田華　伊藤光太郎　高良彰子　佐藤淳基

Global & Public Relations Group
Staff　郭迪　田中亜紀　杉田彰子　奥田千晶　連苑如

Operations & Accounting Group
Staff　山中麻吏　小関勝則　小田木もも　池田望　福永友紀

Assistant Staff　俵敬子　町田加奈子　丸山香織　井澤徳子　藤井多穂子　藤井かおり
葛目美枝子　伊藤香　鈴木洋子　石橋佐知子　伊藤由美　畑野衣見
井上竜之介　斎藤悠人　平井聡一郎　宮崎陽子

Proofreader　文字工房燦光
DTP　株式会社RUHIA
Printing　大日本印刷株式会社

ISBN978-4-7993-2371-7